中华经典精粹解读

周易

刘全志 编著

中華書局

图书在版编目（CIP）数据

周易/刘全志编著．—北京：中华书局，2012.4
(2022.1 重印)
（中华经典精粹解读）
ISBN 978-7-101-08562-4

Ⅰ．周… Ⅱ．刘… Ⅲ．①《周易》-注释②《周易》-译文 Ⅳ．B221

中国版本图书馆 CIP 数据核字（2012）第 030955 号

书　　名　周　易
编 著 者　刘全志
丛 书 名　中华经典精粹解读
责任编辑　杨　帆
出版发行　中华书局
（北京市丰台区太平桥西里 38 号　100073）
http：//www.zhbc.com.cn
E-mail：zhbc@zhbc.com.cn
印　　刷　河北省保定市蠡县天德印务有限公司
版　　次　2012 年 4 月北京第 1 版
2022 年 1 月河北第 3 次印刷
规　　格　开本/880×1230 毫米　1/32
印张 10　　字数 150 千字
印　　数　11001-21000
国际书号　ISBN 978-7-101-08562-4
定　　价　39.00 元

出版说明

在快节奏的现代生活中，如何在有限的时间里读到中国传统文化中最经典的著作？怎样才能尽快领略到经典的核心要义，减少在茫茫书海中不得要领的辛苦？“中华经典精粹解读”丛书正是为适应当代读者需求而特别编写的国学经典普及丛书。

丛书“精粹”二字体现在两个方面：一是所选典籍均为中国传统文化中最具代表性的著作，二是所选文段均为经典中的精华部分。

原文后附“扩展阅读”，是参照原文选段，从其他经典著作中选摘出的内容、思想与本段相关的语段，以使读者获得比较阅读的乐趣，视野得以开阔，思路得以拓宽，从而更加全面深入地理解选文。

段末“点评”，是在充分尊重前人思想成果的基础上，从当代人的视角出发，对文段精髓加以讨论解读，以唤起读者更多的思索和体悟。

原文选段及扩展阅读选段之后，辅以侧重语词解释的注释和串讲文意的译文，不作繁琐考证，以助理解；生僻字词均加注汉语拼音，以利诵读。

本套丛书选用中华书局出版的权威版本作为底本，由富有研究成果的专家学者协力遴选篇章、撰写导言及点评，在此对专家学者们“撷取务精、注释务准”的专业精神表示由衷谢意。

藉由此书，我们愿为古典文学爱好者以及有兴趣了解经典的读者奉上可参考的常备读本。希望我们的努力可以为传统经典贴近当代读者、当代读者走近传统经典助力。

中华书局编辑部

2012 年 4 月

导言

《周易》是中国传统文化的奇葩，它以独特的魅力、深厚的哲理滋养着一代又一代的中国人。如今，它历经数千年的沧桑和传承，已经成为中华文化的根源。它就像无穷无尽的宝藏，取之不竭，挖之不尽，历来为人们所推崇。数千年来，它就像具有魔力的磁石，在它周围吸附着数以万计的著作和论述，这也许正是易道生生不息的象征。人们感叹它的奥秘，阐发它的精义，由此形成了独树一帜的学问——易学。在传统社会向现代社会转型的过程中，许多知识过时了，许多书籍淘汰了，然而《周易》非但没有过时，反而焕发出新的生命：由自然科学与象数义理结合而造就的科学易派的出现，就足以证明这一点。《周易》之所以这样魅力无穷，根本原因在于它对宇宙规律的探索和追求。相信只要人类对宇宙奥秘的探索没有止步，《周易》的魅力就会一直持续；相信只要宇宙永恒，《周易》也必然永恒。

作为中国传统文化的代表，《周易》是一部古老的文化典籍；作为历代传承的精神底蕴，《周易》又是遵循天道的符号。它浓缩着古代先民的智慧，蕴含着宇宙自然的规律：古代先民"仰观于天，俯察于地"之时，正是在探索着天地宇宙的规律，追求着人生万物的永恒。也正是由于"仰观俯察"的点滴积累，才最终造就了"绵络天地"生生不息的大道。《周易》作为群经之首，它所总括的便是这种"发天地之臧，定万物之基"的大道。《周易》之名为"周易"也暗含着深刻的易道："周"是"周普"，即周而复始，无所不备之意；"易"是简易、变易，生生不息之意。所以，"周易"即周而复始、生生不息的大道。

在常人看来，也许《周易》戴着挥之不去的神秘面纱，毋庸讳言，在很长的一段时间内，《周易》一直用于占卜，这种占卜与民间流传的算命虽有关系但不相同：占卜虽然昭示着神秘，但更蕴含着一种有理有据的推理，因为参与占卜的史官往往正处于事件发生的环境，他的推测显然有现实的背景；而民间算命虽然依附于《周易》，但那是一种毫无联系的附会，因为与人算命的江湖术士完全脱离了事件发生的环境，他的推测只能是任意的遐想和呓语。也正是由于上古占卜所具有的理性精神，所以人们常说"善为易者不卜""卜以决疑，不疑何卜？"这就是说真正懂得易道的人，很明白事情的发展方向，更明了自己的行动方向，根本不需要占卜来决定，即所谓"不卜不筮，而谨知吉凶"。孔子便继承了这种理性的超越精神，史书说他晚年好《易》，"居则在席，行则在囊"，读《易》频繁，以致"韦编三绝"。孔子自己也说："加我数年，五十以学《易》，可以无大过矣。"孔子在"删诗书，定礼乐，修春秋"的同时，也在"序易传"。《易传》即是解读《易经》的作品，也就是说在孔子之前，《周易》只有《易经》部分，即六十四卦的卦象和卦爻辞；而孔子之后，《周易》中便有了《易传》部分，即现在《周易》中的"十翼"，它出自孔子的传承，包括《彖传》两篇、《象传》两篇、《系辞》两篇、《文言传》、《序卦传》、《说卦传》、《杂卦传》。这些篇章虽然挂名孔子，却是逐步撰写积累而成的，然而这似乎并不影响孔子对《周易》所作出的贡献，因为正是有了孔子，《易经》的德义精神、人文内涵才算真正的发扬光大。从此，《周易》的价值已不是占卜算卦的神秘技艺，而是真正勃发出包罗宇宙、弥纶天地、经纬人伦的深刻哲理。

现在的《周易》一书有《易经》和《易传》两部分，其中《易经》是《周易》的核心部分，通常所说的"周易"主要指"易经"，它包括自"乾"至"未济"的六十四卦。每卦有卦画、卦辞、爻辞：卦画以阴爻"- -"和阳爻"—"为基本符号，先组成乾（天）、坤（地）、震（雷）、巽（风）、坎（水）、离（火）、艮（山）、兑（泽）八卦，然后两两相重形成六十四卦；每卦都有一条卦辞，用来解释整卦的意义，共六十四条卦辞；每卦由六爻组成，每爻有一条爻辞，用来解释一爻的意义，共三百八十六条爻辞（乾、坤两卦在六爻之外又有“用九”“用六”两爻）。《易经》中六十四卦偏重的内容各不相同，蕴含的哲理也各有千秋，特别是由于“易无达诂”，即使同一卦爻，从不同的角度也会解读出不同哲理。因此在选编取舍的过程中，总免不了一种遗憾。但是为了更好地服务读者，提供智慧的精品，我们只能“优中选精”，力求遴选出那些最具有代表性、最为精彩、最富有智慧的精华篇章，更注重选择那些再现人类精神、彰显人生智慧的阐释和解读。以此为目标，本书共选取了《易经》中的五十七卦作为解读的对象，相信读者通过这五十七卦的阅读，可以切实地感受《易经》带给我们的深刻智慧。至于《易传》部分，《周易》原书共有十篇，被称为“十翼”，都是解释《易经》的篇章。其中与《易经》密切相连的是《彖传》和《象传》：《彖传》主要解释每一卦的卦名和卦辞，分析各卦的基本思想；《象传》解释卦辞和爻辞，传统上分为《大象传》和《小象传》，前者重在解释如何依据卦辞去行动，后者重在分析每爻所包含的意思。由于《彖传》和《象传》与《易经》各卦存在一一对应的关系，所以本书将这两篇直接附于《易经》的每卦经文之后，以便于读者理解每卦的经文。在“十翼”中，除了《彖传》和《象传》，本书还选择了《系辞》部分内容加以解读，这就是五十八至六十三的部分。《系辞》是《易传》的总纲，是对《易经》的总体概括，对《系辞》著名段落的解读，有助于我们理解《易经》的整体风貌。

可以说，本书的编写原则是以易理为中心，经文、彖传、象传相随而行，因为这样经传互为阐发、相辅相成，更能使读者体会卦爻辞所蕴含的深刻意义。同时，在注释、译文、点评部分中多从客观角度入手，注意阐释的原则性和适度性，力求简明扼要的同时，给人以自由深入的思考。

富有深刻哲理的《周易》之所以魅力无穷，其中的一个关键因素便是卦爻辞的蕴藉含蓄，也许正是这一特点决定了卦爻辞“无达诂”的丰富性和深厚性，面对这一丰富的宝藏，每一个人读出的意义当然可以千差万别。人们常说，仁者见仁，智者见智，这句话最初指的就是《周易》，即仁者和智者见仁见智的来源便是《周易》，这一点似乎已经告诉我们：每个人感悟的意义不会完全一样，也没有必要完全一样。《周易》的内涵丰富，哲理深藏，理解它、感悟它需要读者亲身参与和亲自体验。真心希望，书中的注释部分和点评文字起到的作用是诱发式的思考。相信聪明的读者，一定会从《周易》精华卦爻辞阅读中，得到思维的锻炼，获得智慧的启迪。

凡 例

一、本书共选择《周易》中的六十三个部分：一至五十七精选了《易经》中的五十七卦，五十八至六十三是《系辞》中的经典段落。每一部分包括《周易》原文、扩展阅读、点评。

二、《周易》原文和扩展阅读都是文言文段落，为了便于理解和阅读，附以简洁的注释和译文。

三、《周易》原文中的五十七卦经文，辅以《彖传》、《象传》，以便于理解每卦每爻的意义。为恰当区分《易经》、《彖传》、《象传》的文字，对之加以分别注释和翻译。

四、注释方面力求简明扼要，不作周详考证，强调字义的解释，目的在于顺畅地解读卦爻的含义。译文部分以直译为主，注意疏通文理，强调准确得当、言语通顺，力求翻译后的成文既符合现代汉语的规范，又富有一定的文采。

五、扩展阅读部分的选篇原则是“著意周易，旁采史策”，即力求运用鲜活的事例再现卦爻的深刻哲理，以达到事例与易理的对应和融合。

六、点评部分，在充分尊重前人思想成果的基础上，崇尚宏观概括，力求解释卦爻的中心内容，点破内在的玄机和深意，并注重结合扩展阅读部分的具体事例来阐释卦爻辞的人文精神，以唤起读者更多的思考和体悟。

七、本书涉及的《周易》常见术语有：卦辞，用来解释整卦的意义，每卦都有一条卦辞；爻辞，用来解释一爻的意义，每卦由六爻组成，每爻有一条爻辞；爻题，每一爻的题识，如“初九”、“初六”等；爻位，一卦六爻，自下而上称为初、二、三、四、五、上；爻性，这一爻位所居爻的性质，阴爻用“六”表示，阳爻用“九”表示；当位，一卦的初、三、五为阳位，二、四、上为阴位，阳爻居阳位、阴爻居阴位是当位，反之为不当位；中位，一卦的二、五两位为中位，居于这两位为得中，反之不得中；比，相邻的两爻为“比”；应，如果初位与四位、二位与五位、三位与上位分别是一阴爻和一阳爻，就是“相应”，反之不相应。

目录

一　乾道刚健

☰ 乾下乾上

乾：元，亨，利，贞[①]。
初九[②]：潜龙[③]，勿用。
九二：见龙在田[④]，利见大人[⑤]。
九三：君子终日乾乾[⑥]，夕惕若厉[⑦]，无咎[⑧]。
九四：或跃在渊[⑨]，无咎。
九五：飞龙在天，利见大人。
上九：亢龙[⑩]，有悔。
用九[⑪]：见群龙无首，吉。

【注释】

①元：开始。　亨：亨通，生长。　利：和，成熟。　贞：固，收藏。

②初九：爻题，“初”表示从下到上的第一位，“九”表示阳爻。

③潜：隐藏。

④田：大地。

⑤大人：王公贵人。

⑥乾乾：勤奋努力。

⑦惕（tì）：警惕。　若：像，如。　厉：危险。

⑧无咎（jiù）：没有灾难。

⑨渊：深潭。

⑩亢（kàng）：极度。

⑪用九：《乾》卦特有的爻题，意为六爻皆九。

【译文】

《乾》卦：万物的开始、生长、成熟和贞固。

初九：蛟龙潜藏在深渊中，暂时不能有所作为。

九二：龙出现在大地上，有利于拜见王公贵人。

九三：君子白天勤勤恳恳，夜晚还像遇到危险一样保持着警惕，就会免于灾祸。

九四：龙或腾跃而起，或伏处深潭，都没有灾难。

九五：龙飞腾在空中，有利于拜见王公贵人。

上九：龙飞到极高处，就会有灾祸出现。

用九：群龙出现在天空，而看不出首领，吉利。

《彖》[①]曰：大哉乾元，万物资始[②]，乃统天。云行雨施，品物流形。大明终始[③]，六位时成[④]。时乘六龙以御天[⑤]。乾道变化，各正性命。保合大和[⑥]，乃利贞。首出庶物[⑦]，万国咸宁[⑧]。

【注释】

①彖（tuàn）：《易经》“十翼”之一，重在解释一卦之义。

②资：凭借，依赖。

③大明：太阳。

④六位：昼夜四季。

⑤六龙：上古神话说太阳乘坐着由六条飞龙拉的车子在天空运行，羲和是驾驶员。

⑥合：调整。　大和：太和，谐和。

⑦庶：众多。

⑧咸：皆，普遍。

【译文】

《彖传》说：上天的功劳，伟大啊！万物依赖它获得了生命，它统属着万物。云朵飘行，雨露降洒，繁殖着万物，并赋予它形体。太阳升起降落，出东没西，昼夜四季由此形成，这都是太阳驾驶着六条飞龙在空中有规律运行的结果。乾道为天，它的运行变化，使万物各具其属性。天道的运行，保持、调整着和谐的关系，有利于守正持固。天的功德在于普利万物，给上下四方带来普遍的康宁。

《象》①曰：天行健②，君子以自强不息。“潜龙勿用”，阳在下也③。“见龙在田”，德施普也④。“终日乾乾”，反覆道也⑤。“或跃在渊”，进无咎也⑥。“飞龙在天”，大人造也⑦。“亢龙有悔”，盈不可久也⑧。“用九”，天德不可为首也。

【注释】

①象：《易经》“十翼”之一，重在解释爻辞之义。

②天行：天道。

③阳：阳爻。

④普：周遍，众多。

⑤反覆：屡次，多次。

⑥进：进退。

⑦造：作为。

⑧盈：盈满。

【译文】

《象传》说：天道刚健，运行不已。君子要效法天道，自强不息。“潜龙勿用”，因为初九阳爻处在一卦的最下位，所以不宜有所作为。“见龙在田”，喻指君子已经走出低谷，开始考虑获得能够普施德泽的社会地位。“终日乾乾”，勤勉行道，坚持不舍。“或跃在渊”，表示可进可退，没有灾祸。“飞龙在天”，意味着君子一定会大有作为。“亢龙有悔”，表示孤高、盈满是不可能长久的。“用九”，天的美德在于不自居首位。

扩展阅读

舜耕历山①，渔雷泽②，陶河滨③，作什器于寿丘④，就时于负夏⑤。舜父瞽叟顽，母嚚⑥，弟象傲，皆欲杀舜。舜顺适不失子道，兄弟孝慈⑦。欲杀，不可得；即求，尝在侧⑧。

舜年二十以孝闻。三十而帝尧问可用者，四岳咸荐虞舜⑨，曰可。于是尧乃以二女妻舜以观其内，使九男与处以观其外。舜居妫汭⑩，内行弥谨。尧二女不敢以贵骄事舜亲戚⑪，甚有妇道。尧九男皆益笃。舜耕历山，历山之人皆让畔⑫；渔雷泽，雷泽上人皆让居⑬；陶河滨，河滨器皆不苦窳⑭。一年而所居成聚⑮，二年成邑，三年成都。尧乃赐舜絺衣⑯，与琴，为筑仓廪⑰，予牛羊。

（《史记·五帝本纪》）

【注释】

①历山：古地名，全国有多处。

②雷泽：雷夏泽，故址在今山东省菏泽市。

③河：黄河。

④什器：家用器物。　寿丘：地名，在今山东省曲阜市。

⑤就时：经商做买卖。　负夏：古地名，在今山西垣曲。

⑥嚚（yín）：愚蠢顽固。

⑦兄弟：把弟弟当哥哥一样对待。

⑧尝：通“常”。

⑨四岳：四方的部落首领。

⑩妫汭（guī ruì）：河流名，此处指地名。

⑪亲戚：指父母兄弟姊妹。

⑫畔：田界。

⑬居：捕鱼时站脚的地方。

⑭苦窳（yǔ）：粗糙质劣。

⑮聚：村落。

⑯絺（chī）衣：细葛布制成的衣服。

⑰仓廪：盛放粮食的仓库。

【译文】

舜在历山耕过田，在雷泽打过渔，在黄河岸边做过陶器，在寿丘做过各种家用器物，在负夏做过生意。舜的父亲瞽叟顽固，母亲愚昧，弟弟象桀骜不驯，他们都想杀掉舜。舜却恭顺地行事，从不违背为子之道，友爱兄弟，孝敬父母。他们想杀掉舜的时候，就找不到他；而有事要找他的时候，舜又总会出现在父母身边。

舜二十岁时，就因为孝顺出了名。三十岁时，尧帝问谁可以治理天下，四方首领都推荐舜，说他可以。于是尧把两个女儿嫁给了舜来观察他在家的德行，让九个儿子和他共处来观察他在外的为人。舜居住在妫汭，他在家里做事更加恭谨。尧的两个女儿不敢因为出身高贵就傲慢地对待舜的亲人，很符合为妇之道。尧的九个儿子也更加笃诚忠厚。舜在历山耕作，历山人都能互相推让地界；在雷泽捕鱼，雷泽的人都能推让便于捕鱼的位置；在黄河岸边做陶器，那里就没有了粗制滥造的次品了。一年时间，舜住的地方就成为一个村落，二年时间就成为一个小城镇，三年时间就变成大都市了。看到这些，尧就赐给舜一套细葛布衣服和一张五弦琴，为他建造了仓库，赐给了他许多牛和羊。

点 评

乾为天，天道刚健，运行不已，生生不息。对于个人来说，乾道意味着施展宏图、奋发有为，以至德行天下，普施万物，这无疑是一种成功之道。从成长角度看，《乾》卦的意义在于教给我们如何一步步走向成功，又如何长久地保持这种成功的状态。元亨利贞，开始、发展、成熟、保持，《乾》卦的六爻昭示给我们的就是一步步走向成功的过程。

盘点一个人走向成功的因素，似乎都离不开自身的努力和外在的机遇，我们要达到“飞龙在天”的状态，离不开潜心修炼、终日勤勉，也离不开“利见大人”把握时机。乾道告诉我们努力和机遇共同造就了一个人的成功。在这一点上，舜的知名经历无疑就应和了《乾》卦的道理：不知名时，“潜龙勿用”，修身厉己，提高修养，历练自身的能力；一旦有了机遇，“利见大人”被尧提拔，变得天下闻名，此时推己及人、德施众物，使得近附远来，“三年成都”。取得了成功，更需要长久保持，以免出现“亢龙有悔”的局面，舜的做法同样值得我们深思和借鉴：闻名天下并没有使他骄傲自得、盲目自大，他依然不骄不躁，勤勉敬业，这不仅使他保持了既有的成功，又取得了更大的成就。

二 坤道厚德

☷ **坤下坤上**

坤：元，亨，利牝马之贞[①]。君子有攸往[②]，先迷[③]；后得主[④]，利。西南得朋[⑤]，东北丧朋。安贞吉。

初六[⑥]：履霜[⑦]，坚冰至。

六二：直方大，不习[⑧]，无不利。

六三：含章[⑨]，可贞，或从王事，无成有终。

六四：括囊[⑩]，无咎无誉。

六五：黄裳[⑪]，元吉。

上六：龙战于野，其血玄黄[⑫]。

用六[⑬]：利永贞。

【注释】

①牝（pìn）马：母马。

②攸（yōu）往：远行。

③先：在前面。

④后：在后面。

⑤朋：同类为朋，朋友。

⑥六：表示阴爻。

⑦履：踩。

⑧习：熟练，熟悉。

⑨含章：饱含文采。

⑩括囊：扎紧口袋，意为谨言慎行。

⑪黄：大地的色彩，正色。裳：穿在下身的裙裤。黄裳：意为身居下位而坚守正道。

⑫玄黄：天玄地黄，意为流血很多。

⑬用六：坤卦特有的爻题，意为六爻皆六。

【译文】

《坤》卦：元始亨通，像母马一样守持正道。君子如要远行，在前面会迷路，在后面跟随依傍，吉利。往西南方向走，会获得朋友；往东北方向走，会丧失朋友。安守正道，吉利。

初六：脚下踩到了霜，离结冰的时节就不远了。

六二：正直、方正、宏大，即使做不熟悉的事情，也不会有什么问题。

六三：饱含才华，坚守正道。参与王事，即使没有成绩，也会有很好的结局。

六四：谨言慎行，没有灾祸，也没有赞誉。

六五：身居下位而坚守正道，大吉大利。

上六：龙在旷野中争斗，天玄地黄，血流遍地。

用六：长久持守正道，吉利。

《彖》曰：至哉坤元，万物资生①，乃顺承天②。坤厚载物，德合无疆③。含弘光大④，品物咸亨。牝马地类⑤，行地无疆，柔顺利贞。君子攸行，先迷失道，后顺得常⑥。西南得朋⑦，乃与类行⑧。东北丧朋，乃终有庆⑨。安贞之吉，应地无疆⑩。

【注释】

①资：凭借，依靠。

②顺承：顺从，顺应。

③合：应合。

④含弘：蕴涵宏大。

⑤类：同类。

⑥常：经常恒久之道，正道。

⑦西南：坤道所在方位。

⑧类行：同类相从。

⑨东北：乾道所在方位。

⑩应：符合，应合。

【译文】

《象传》说：大地的美德，深厚呀。它生长万物，顺应天意。大地深厚而承载万物，它的功德无边无际。大地蕴育宏大，无所不载，万物依靠它亨通畅达。母马与地同类，它可以在无边的大地上驰骋，柔和温顺有利于坚守正道。君子远行，在前开路就会迷失正道，在后跟随就会步入正道。西南方向获得朋友，这是同类相从；东北方向丧失朋友，但最终也会有喜庆福祥。安顺守正带来的吉祥，应合了无边大地的美德。

《象》曰：地势坤。君子以厚德载物。"履霜坚冰"，阴始凝也。驯致其道[①]，至坚冰也。六二之动，直以方也。"不习，无不利"，地道光也。"含章可贞"，以时发也。"或从王事"，知光大也[②]。"括囊无咎"，慎不害也。"黄裳元吉"，文在中也[③]。"龙战于野"，其道穷也[④]。用六"永贞"，以大终也[⑤]。

【注释】

①驯：通“顺”。

②知：通“智”。

③文：文采，才华。中：中位，一卦中的二、五两位为中位。

④穷：极致，尽头。

⑤大终：阳大而阴小，阴柔而阳刚。《坤》至阴至柔，故“无成而有终”。大终，就是阴极而转阳的结果。

【译文】

《象传》说：地道柔顺，无所不载，君子要效法坤道，厚德容物。“履霜坚冰”，说明阴气开始凝聚。这样发展下去，必然迎来结冰的季节。六二的变化，平直方正。“不习，无不利”，是因为遵循了大地的深厚美德。“含章可贞”，这是等待时机。“或从王事”，表示智慧光大融通。“括囊无咎”，说明君子慎于言就不会受到危害。“黄裳元吉”，是因为才华在内，而又持守正道。“龙战于野”，说明坤道走向了极致。用六“永贞”，所以也就能得到以阴之柔顺而归于阳气的结果。

扩展阅读

晏子使于鲁，比其返也[①]，景公使国人以大台之役[②]，岁寒不已，冻馁之者乡有焉[③]。国人望晏子[④]。晏子至，已复事，公延坐，饮酒乐。晏子曰：“君若赐臣，臣请歌之。”歌曰：“庶民之言曰：‘冻水洗我，若之何！太上靡散我[⑤]，若之何！’”歌终，喟然叹而流涕。公就止之曰：“夫子曷为至此[⑥]？殆为大台之役夫！寡人将速罢之。”

晏子再拜，出而不言，遂如大台，执朴鞭其不务者[⑦]，曰：“吾细人也[⑧]，皆有盖庐，以避燥湿，君为一台而不速成，何为？”国人皆曰：“晏子助天为虐。”晏子归，未至，而君出令趣罢役，车驰而人趋。

仲尼闻之[9]，喟然叹曰："古之善为人臣者，声名归之君，祸灾归之身，入则切磋其君之不善，出则高誉其君之德义，是以虽事惰君[10]，能使垂衣裳[11]，朝诸侯，不敢伐其功[12]。当此道者，其晏子是耶！"

（《晏子春秋·内篇谏下》）

【注释】

①比：等，及。

②景公：齐景公，春秋后期齐国国君，公元前547年～前490年在位。

③冻馁（něi）：受冻挨饿。 乡：齐国的行政区划，二千家为一乡。

④望：盼望，期待。

⑤太上：上天。 靡散：残害。

⑥曷（hé）：通"何"。

⑦朴：木棍。 鞭：鞭打。

⑧细人：小人。

⑨仲尼：孔子的字。

⑩惰君：昏君。

⑪垂衣裳：意指垂衣拱手，无为而治。

⑫伐：夸耀。

【译文】

晏子到鲁国出使，等他回来的时候，齐景公已派都城的人去修建大台了。那时天气十分寒冷，每乡都有受冻挨饿的人，他们都盼望晏子赶快回来。晏子到朝后，汇报完出使的事，齐景公请他入座，一同饮酒取乐。晏子说："您若款待我，就先让我为您唱一首歌吧。"他唱道："百姓说：'冰凉的水浇着我，怎么办？上天残害我，怎么办？'"唱完后，他感慨叹息，还流下了眼泪。齐景公走近晏子，劝住他说："先生为什么这样呢？大概是因为修建大台的缘故吧，我会立刻停止它的。"

晏子拜了两拜，出去后没有说这件事。随后，他来到大台，拿着木棍鞭打那些不干活的人，还说：“我们这些小百姓，还有房屋来遮挡阳光和风雨，国君要建一个台子却不能很快建好，这是为什么？”看到这样，人们都说：“晏子这是助天为虐呀。”晏子回去了，还未到家，齐景公已下令停止修建大台了。随后，车子离开，人们也各自散去。

孔子听说这件事，感慨地叹道：“古代能当好臣子的人，往往把好的名声归于君王，把罪过留给自身。入朝能够指正君王的失误，出外则赞颂君王的仁德。因此，即使侍奉的是昏君，也能垂衣而治，使诸侯前来朝拜，又不夸耀自己的功绩。看来，晏子能称得上这样的人呀。”

点　评

坤为地，大地无所不载，生养万物，具有深厚的美德。相对于天，它位居下位；相对于刚健，它代表柔顺；相对于自强不息，它虚怀若谷，谦虚谨慎。人的一生，需要刚健，需要自强不息，同时也需要柔顺，需要谦虚为怀，这就是我们经常所说的“刚柔相济”。与居前开拓相比，坤道更强调紧紧追随；与个人奋斗相比，坤道更注重团队协作，这就是“得主”“得朋”暗含的真谛。

大地宽广坦荡，端直方正，这象征着人的品德，更代表着人的胸怀。它告诉我们，只要胸怀坦荡，持守正道，即使去做陌生的事情，照样会“无不利”。同时，大地又是无言的，它承载万物，生养人类，居功甚伟，却始终默默无闻，不言己功。在这一方面，晏子的做法显然给我们树立了一个典范：他居官任职，坚守正道，规劝国君改正失误，以柔顺的方式来表达为民请命的忠心；也正是由于他的规劝，民众获得了解脱，然而他却“功成弗居”。这是仁德的宽厚，显然也是坤道的核心。

三　屯卦经纶

䷂（震下坎上）

屯[1]：元亨，利贞。勿用有攸往。利建侯。

初九：磐桓[2]，利居贞，利建侯。

六二：屯如邅如[3]，乘马班如[4]。匪寇婚媾[5]。女子贞不字[6]，十年乃字。

六三：即鹿无虞[7]，惟入于林中，君子几不如舍[8]，往吝[9]。

六四：乘马班如，求婚媾。往吉，无不利。

九五：屯其膏[10]，小，贞吉；大，贞凶。

上六：乘马班如，泣血涟如[11]。

【注释】

①屯（zhūn）：卦名。《说文解字》："屯，难也，象草木之初生，屯然有难。"所以，"屯"从字形到卦象都象征出生的艰难。

②磐（pán）桓：徘徊，逗留。

③屯如：聚集的样子。　邅（zhān）如：回转不进的样子。

④班如：回旋不进的样子。

⑤婚媾（gòu）：结婚，结合。

⑥字：出嫁。

⑦即：接近，追逐。 虞：虞人，掌管山林的人。

⑧几：通“即”，接近。

⑨吝：困难。

⑩膏：用如动词，施膏泽。

⑪涟如：血泪流淌不断的样子。

【译文】

《屯》卦：元始，亨通，吉利。出门远行不利。建国封侯，吉利。

初九：徘徊不进，静居守贞，吉利。建国封侯，吉利。

六二：聚集在一起而徘徊不进，乘着马车在原地打转回旋。不是强盗，而是来求婚配的。女子守贞不出嫁，十年之后再出嫁。

六三：狩猎麋鹿而没有虞人的帮助，一个人进入山林，与其追捕，不如暂时放弃。如果执意前往，必会陷入困境。

六四：乘着马车在原地打转，因为是去求婚。前进，吉利，无所不利。

九五：在草木萌发初生时遇到雨水的润泽，若雨水小，就吉祥；若雨水滂沱，则凶。

上六：乘着马车在原地打转，悲痛得血泪流淌不断。

《彖》曰：屯，刚柔始交而难生①。动乎险中②，大亨贞。雷雨之动满盈③，天造草昧。宜寻建侯而不宁④。

【注释】

①刚柔始交：阴阳相交，指卦象，阳爻在下，阴爻在上。难：阴多阳少，有艰险。

②动：《屯》卦下为震上为坎，震为动，坎为险。

③雷雨：坎为水，震为雷，雷雨并作。

④不宁：因初生有“难”，“造”昧多艰，故不可以宁而无事。

【译文】

《象传》说：屯卦，表示阴阳两气开始相交，难免有艰险。动而遇险，坚守正道，就会大亨通。雷雨震动，上下充盈，正像天地草创之时，在适合于建侯封国的时候，本来就不能安宁无事。

《象》曰：云雷①，屯。君子以经纶②。虽“磐桓”，志行正也。以贵下贱③，大得民也。六二之难，乘刚也④。“十年乃字”，反常也⑤。“即鹿无虞”，以从禽也。君子舍之，“往吝”穷也⑥。“求”而“往”，明也⑦。“屯其膏”，施未光也。“泣血涟如”，何可长也。

【注释】

①云雷：《屯》卦上坎下震，坎为云，震为雷。

②经纶：治丝归类，意为筹划事业，经略大事。

③贵下贱：阳爻在阴爻之下。

④乘刚：阴爻在阳爻之上。

⑤反：通“返”，回归。

⑥穷：途穷。

⑦明：明智。

【译文】

《象传》说：雷声在乌云中震动，天空正在酝酿“初生”的希望。君子应有所感动而努力经略天下大事。尽管“磐桓”，但意志坚定，坚守正道。地位尊贵却能亲近下人，必然大得民心。六二的艰难，在于它位居阳爻之上。“十年乃字”，说明最后回归常道。“即鹿无虞”，是指追踪禽兽若无人引导，君子不如暂时舍弃，执意前往就会陷入困境，无路可走。有所“求”而“往”，是明智的表现。“屯其膏”，说明恩泽没有广施。“泣血涟如”，这样的悲伤不会长久地持续下去。

扩展阅读

公子亲筮之①，曰：“尚有晋国。”得贞屯悔豫②，皆八也③。筮史占之④，皆曰：“不吉。闭而不通，爻无为也。”司空季子曰：“吉。是在《周易》，皆‘利建侯’。不有晋国，以辅王室，安能建侯？我命筮曰‘尚有晋国’，筮告我曰‘利建侯’，得国之务也，吉孰大焉。”

（《国语·晋语四》）

【注释】

①公子：晋文公重耳，此时流亡在秦国。　筮：用蓍草占卦。

②贞：本卦。　《屯》：震下坎上。　悔：变卦。　《豫》：坤下震上。

③八：半。

④筮史：主管占卜问卦的官。

⑤司空季子：胥臣，字季子，别号臼季，当时追随晋文公流亡在秦国。

【译文】

公子重耳亲自占卦，他祈祷说：“希望有晋国。”占得震下坎上组成的《屯》卦和坤下震上组成的《豫》卦，这两卦的宜变之爻和不变之爻各占一半。筮史据此推断，都说：“不吉利。卦象闭塞不畅通，不会有所作为。”司空季子说：“吉利。这在《周易》上，两卦都有‘利于建国立侯’。如果得不到晋国来辅助周王室，怎么能说建国封侯呢？我们起卦时祈祷说‘希望有晋国’，卦辞告诉我们说‘利于建立侯国’，这正是应了占卦时得到国家的祈祷，还有什么比这更吉利的呢！”

点评

阴阳相合、乾坤始交之际，正是雷雨并作、天地草创之时，所以《屯》卦预示着艰难险阻，又孕育着吉利亨通。通过六条爻辞，《屯》卦向我们展示了生活中的挫折和艰难：出门难行，乘车不进，求婚遭拒，打猎受阻，歧路徘徊而又悲痛欲绝。这些之所以成为生活中的艰难险阻，是因为生命刚刚诞生，事业正处草创阶段。所以，《屯》卦告诉我们：当力量弱小、事业起步的时候，应注意积聚实力，经纶筹划，只有这样才能走向吉利亨通。

人生难免会有挫折，难免会有困境。面对挫折，我们需要的是信心，是勇气；身处困境，我们需要的是意志坚定、持守正道，所以它说“志行正”“往吉，无不利”。身居高位，更应该做好经纶天下的准备，广施恩泽，协同众心，逐渐壮大自己的力量，然后逢凶化吉，大事可济。司空季子对卦辞的解释，显然是抓住了《屯》卦的核心；当然，他的解释更增强了晋文公重耳的雄心壮志，这必将鼓舞着重耳放下犹豫，勇往直前，夺取晋国政权。

四 蒙卦育德

䷃ 坎下艮上

蒙：亨。匪我求童蒙[①]，童蒙求我。初筮告，再三渎[②]，渎则不告。利贞。

初六，发蒙，利用刑人，用说桎梏[③]。以往，吝。

九二：包蒙[④]，吉。纳妇，吉。子克家[⑤]。

六三：勿用取女[⑥]，见金夫，不有躬[⑦]。无攸利。

六四：困蒙[⑧]，吝。

六五：童蒙，吉。

上九：击蒙，不利为寇，利御寇。

【注释】

①童蒙：蒙昧的人。

②渎：亵渎，不恭敬。

③说：通“脱”，脱离。　桎梏（zhì gù）：刑具，脚镣手铐。

④包：包容，容纳。

⑤克家：成家。

⑥取女：取，同“娶”。

⑦不有躬：丧失生命。

⑧困：困境。

【译文】

《蒙》卦：亨通。不是我请童蒙受教，而是童蒙请我施教。第一次占卜，筮人告诉了他结果。他却再三占筮，这就是不恭敬；不恭敬的占筮，筮人不会告知。这样做，合乎正道。

初六：启发蒙昧，就像解救犯罪的人一样，帮助他们解开身上的枷锁。如果任其发展，就会有困难。

九二：包容蒙昧，吉利。就像迎娶新妇一样，吉利。犹如子辈成家一样，吉利。

六三：不要娶这个女子为妻，因为她见到美男子，就会不顾礼节去接近。娶她为妻没有什么好处。

六四：蒙昧无知，又处于困境，有艰险。

六五：蒙昧无知，但虚心受教。吉利。

上九：击打蒙昧，启发智慧。主动攻取强寇不利，抵御强寇有利。

《彖》曰：蒙，山下有险①，险而止，蒙。“蒙亨”，以亨行时中也②。“匪我求童蒙，童蒙求我”，志应也。“初筮告”，以刚中也③。“再三渎，渎则不告”，渎蒙也。蒙以养正，圣功也。

【注释】

①险：水流。蒙卦上艮下坎，艮为山，坎为水。

②时中：时机适中。

③刚中：九二为阳爻，阳爻为刚，且居中正之位。

【译文】

《彖传》说：蒙卦，上山下坎，说明山下有水，水被山挡在那里，就是蒙昧。“蒙亨”，在亨通中行动，因为切合时机。“匪我求童蒙，童蒙求我”，这说明双方心志相通。

"初筮告"，因为刚直存于心中。"再三渎，渎则不告"，因为亵渎了启蒙。从蒙昧开始修养正道，这是圣人的功业。

《象》曰：山下出泉[①]，蒙。君子以果行育德。"利用刑人"，以正法也。"子克家"，刚柔接也[②]。"勿用取女"，行不顺也。"困蒙之吝"，独远实也[③]。"童蒙"之"吉"，顺以巽也[④]。"利"用"御寇"，上下顺也。

【注释】

①山下出泉：艮为山，在上，坎为水，在下，如山下流水之象。

②刚柔接：阳爻处于中位，承接两个阴爻。

③实：启蒙的人。

④巽（xùn）：通"逊"，谦让恭顺。

【译文】

《象传》说：山下有泉水，上艮下坎，就是蒙卦。君子应该行动果断，才能培育出良好的品德。"利用刑人"，就是端正法规。"子克家"，就是因为阳刚与阴柔相互感应交接。"勿用取女"，说明行事不顺利。"困蒙之吝"，是因为孤立无助，远离启蒙老师。"童蒙"之"吉"，在于柔顺服从。"利"用"御寇"，是因为上下心智相通，和顺。

扩展阅读

天生人也，而使其耳可以闻，不学，其闻不若聋；使其目可以见，不学，其见不若盲；使其口可以言，不学，其言不若爽；使其心可以知，不学，其知不若狂。故凡学，非能益也，达天性也。能全天之所生而勿败之，是谓善学。

子张[1]，鲁之鄙家也；颜涿聚[2]，梁父之大盗也，学于孔子。段干木[3]，晋国之大驵也[4]，学于子夏[5]。高何、县子石[6]，齐国之暴者也，指于乡曲[7]，学于子墨子。索卢参[8]，东方之钜狡也[9]，学于禽滑黎[10]。此六人者，刑戮死辱之人也。今非徒免于刑戮死辱也，由此为天下名士显人，以终其寿，王公大人从而礼之，此得之于学也。

（《吕氏春秋·尊师》）

【注释】

①子张：颛（zhuān）孙师，春秋末期陈国人，字子张，孔子的学生。

②颜涿聚：名庚，齐国大夫，曾求学于孔子。

③段干木：战国时魏国的贤士，隐居不仕，子夏的学生。

④驵（zǎng）：马匹交易的经纪人。

⑤子夏：卜商，孔子的学生。

⑥高何、县子石：齐国人，墨家学派弟子。

⑦指：指斥。 乡曲：乡里。

⑧索卢参：复姓索卢，名参，墨家学派弟子。

⑨钜狡：大骗子。

⑩禽滑黎：墨子的学生。

【译文】

上天造就人，使人的耳朵可以听见，（倘）不学习，耳有所闻还不如听不见的聋子；使人的眼睛可以看见，（倘）不学习，目有所见还不如看不见的盲人；使人的嘴可以说话，（倘）不学习，还不如不会说话的哑巴；使人的心可以懂得道理，（倘）不学习，心有所知还不如没有心智的狂人。因此，凡学习，并不是能给人增加什么，而是使人通达天性。只要能够保全天赋予的人性而不使它受到伤害，这就叫做善于学习。

子张本是鲁国的鄙俗小人，颜涿聚本是梁父山上的大盗，他们都求学于孔子。段干木本是晋国市场上的大牙侩，求学于子夏。高何、县子石本是齐国凶恶残暴的人，被乡里所斥逐，求学于墨子。索卢参本是东方有名的大骗子，求学于禽滑黎。这六个人本应该是受到刑罚、杀戮、唾弃的人。如今，他们不仅免于刑罚、杀戮、耻辱，而且成为天下的知名之士、显达之人，得以终其天年，王公大人因此对他们以礼相待，这些都是得力于学习啊。

点评

蒙是蒙昧、蒙蔽，心智未开之意，《蒙》卦告诉我们摆脱蒙昧、解除蒙蔽的方法就是学习，因为学习能开启心智，去蒙解蔽，进而才能养正、育德。《蒙》卦的卦象是山下有泉，这说明虽然处于蒙昧阶段，但是很有潜力，只要主动学习，专心求教，一定会发蒙、启蒙。蒙昧无知，就如同带着镣铐枷锁的犯人一样，通过学习，摆脱了蒙昧，也就解除了束缚心智的枷锁镣铐。

学习需要理智，需要和顺谦虚，不能像强盗一样暴躁，也不能像抢亲一样无理，只有这样才会避免出现“不有躬，无攸利”的情况。当学习处于困境之时，更需要谦虚为怀，寻找贤人帮助自己，解除“困蒙之吝”。学习不仅使人免除刑罚耻辱，更使人成为天下名士，子张、段干木等人的事迹，显然就证明了这一点。

五　讼卦求和

䷅ 坎下乾上

讼：有孚[①]，窒惕[②]，中吉[③]，终凶。利见大人，不利涉大川。

初六：不永所事[④]，小有言[⑤]，终吉。

九二：不克讼，归而逋[⑥]。其邑人三百户，无眚[⑦]。

六三：食旧德，贞厉[⑧]，终吉。或从王事，无成。

九四：不克讼，复即命渝[⑨]。安贞吉。

九五：讼[⑩]，元吉。

上九：或锡之鞶带[⑪]，终朝三褫之[⑫]。

【注释】

①孚：信，诚心。

②窒：堵塞，遏制。　惕：恐惧。

③中：中道。

④永：长久。　事：讼事。

⑤言：指责。

⑥逋（bū）：逃亡，逃跑。

⑦眚（shěng）：灾祸，过错。

⑧厉：艰险。

⑨复：返回，回去。　即命：顺从判决。　渝：改变。

⑩讼：有理胜讼。

⑪锡：通“赐”，赏赐。 鞶（pán）带：佩玉的皮带，官服，意指官位。

⑫终朝：一整天。褫（chǐ）：剥夺。

【译文】

《讼》卦象征着争辩之事，因为诚信被阻塞而心怀恐惧。持守中道，吉利，一意孤行，凶险。拜见王公贵人，吉利，涉水渡河历险，不吉利。

初六：争讼不要长久持续，虽受指责，但结果吉利。

九二：没有胜诉，回家后快速逃跑，跑到一个有三百户人家的城中，就没有灾难了。

六三：享用往日积累的功德，虽然占卜的结果表示有危险，但最终会吉利的。如果跟随君王做事，不要把成绩归于自己。

九四：没有胜讼，返回，服从判决，改变初衷，安于正道，吉利。

九五：因公正胜诉，大吉大利。

上九：因胜讼被赏赐的官职，也有可能一天多次被剥夺。

《彖》曰：讼，上刚下险①，险而健，讼。“讼有孚窒惕，中吉”，刚来而得中也②。“终凶”，讼不可成也。“利见大人”，尚中正也。“不利涉大川”，入于渊也。

【注释】

①上刚：乾处上，乾为刚，刚健。 下险：坎处下，坎为险，水。

②刚：阳爻。 得中：二、五爻位都是阳爻。

【译文】

《彖传》说：讼卦，上乾下坎，乾为刚，坎为险，身处险境而刚健，必然争讼。“讼有孚窒惕，中吉”，说明应该持守中道。“终凶”，说明争讼不可一意孤行，顽固坚持。“利见大人”，表示崇尚中正。“不利涉大川”，因为阳来居于坎水之中，如“入于深渊”。

《象》曰：天与水违行[①]，讼。君子以作事谋始。“不永所事”，讼不可长也。虽“小有言”，其辩明也。“不克讼”，归逋窜也[②]。自下讼上，患至掇也[③]。“食旧德”，从上吉也。“复即命渝”，安贞不失也。“讼，元吉”，以中正也。以讼受服[④]，亦不足敬也。

【注释】

①违行：乾为天，坎为水，天倾西北，水向东南，方向相反。

②窜：逃避，回避。

③掇：停止。

④服：官服，指赏赐的官位。

【译文】

《象传》说：天与水流转方向相反，故有讼象。君子做事应该深谋远虑，全面筹划。“不永所事”，说明争讼不可长久持续。虽“小有言”，通过辩说能够明晰。“不克讼”，就回到家里，立即逃跑。居于下位，而与上争讼，这是自取祸患。灾难来而逃跑则灾难就暂时停止。“食旧德”，说明安从顺上很吉利。“复即渝”，安于已变之正位则没有过失。“讼，元吉”，说明位于中位，持守正道。因为争讼而获得赏赐，这不值得敬重。

扩展阅读

子产治郑[①]，邓析务难之[②]，与民之有狱者约[③]：大狱一衣，小狱襦袴[④]。民之献衣襦袴而学讼者，不可胜数。以非为是，以是为非，是非无度，而可与不可日变。所欲胜因胜，所欲罪因罪。郑国大乱，民口喧哗。子产患之，于是杀邓析而戮之，民心乃服，是非乃定，法律乃行。

（《吕氏春秋·离渭》）

【注释】

①子产：春秋后期郑国执政卿。

②邓析：春秋时期郑国人，相传与子产同时。

③狱者：有官司的人。

④襦袴（rú kù）：短衣短裤。

【译文】

子产治理郑国，邓析极力刁难他，与争讼的人约定：学习大的争讼要送一套长袍，学习小的争讼要送一套短衣。结果，送衣送裤来学争讼的人，不可胜数。把错的说成对的，把对的说成错的，对错没有标准，可与不可的标准每天都在变。想让人胜讼，就能让人胜讼，想让人获罪，就能让人获罪。郑国大乱，一片吵吵嚷嚷。子产很担忧，于是就处死了邓析。这样民心才顺服，是非才确定，法律才施行。

点 评

在现实生活中，我们难免会遇到纷争，其中的原因更是多种多样。面对这些纷争，必须进行恰当的处理，因为只有这样，我们才能回到生活的常态。《讼》卦所要告诉我们的，就是如何恰当地处理这些难以避免的纷争。纷争是一种险境，一意孤行，顽固坚持，必然走向深渊，所以卦辞屡屡提醒我们“终凶”“不利涉大川”“不永所事”。纷争即使取得了胜利，受到了赏赐，也不值得敬重，更不能自骄。所以聪明人面对纷争，应该心存戒惧、警惕，做事前要深谋远虑，尽量把纷争消灭在萌芽状态。

当纷争难以避免时，更要心怀诚恳，持守中道，以求和的目的去调节纷争，这就是“利见大人”的内涵。调节失效，形成诉讼，败诉时服从宣判，缴纳赋税，这样不但没有灾祸，反而吉利；胜诉时心中戒惧，安分守己，这样更是大吉大利。所以，《讼》卦告诉我们：和睦相处是社会和谐之道，即便争讼不可避免，也要败诉不伤，胜诉不骄。相比较而言，邓析的做法就违反了讼卦的真谛：为了胜诉，他不但混淆了对与错，模糊了是与非，更践踏了法律，亵渎了正义，最终为自己招来杀身之祸。

六　师卦容民

䷆ 坎下坤上

师：贞，丈人吉①，无咎。

初六：师出以律，否臧②，凶。

九二：在师中③，吉，无咎。王三锡命④。

六三：师或舆尸⑤，凶。

六四：师左次⑥，无咎。

六五：田有禽⑦，利执言⑧，无咎。长子帅师⑨，弟子舆尸⑩，贞凶。

上六：大君有命⑪，开国承家⑫，小人勿用。

【注释】

①丈人：贤明之长者。

②否臧（pǐ zāng）：不善，不好。

③师中：阳爻在中位，因为主帅得位。

④锡命：赐命，意为下令嘉奖。

⑤舆尸：车载尸而归。坤为尸，坎为车，尸在车上。

⑥次：驻扎。

⑦田：田猎，打猎。　禽：鸟兽。

⑧执言：执讯，抓获俘虏并审讯。

⑨长子：处于九二位的阳爻，指主帅。

⑩弟子：处于六三、六四位的阴爻，指小人。
⑪大君：君王，天子。
⑫开国：分封诸侯。　承家：卿大夫世袭。

【译文】

《师》卦象征军旅之事：占测行军用兵的结果是，如果贤明之长者执掌军旅就吉利，没有灾祸。

初六：行军征战要严明军纪，不这样，必然有凶险。

九二：主帅领导士兵，坚守中道，吉利，没有灾祸。君王多次下令嘉奖，委以重任。

六三：军旅出征车载尸体归来，有凶险。

六四：军队驻扎于左方，没有灾祸。

六五：打猎有所擒获，捕获执讯，吉利，没有灾祸。主帅领导军队作战，如果让小人指挥，车上载尸，虽然持守中道，必有凶险。

上六：君王下令赏功，裂土分封诸侯，采邑封赏大夫。不可奖赏小人。

《彖》曰："师"，众也。"贞"，正也。能以众正，可以王矣。刚中而应①，行险而顺②，以此毒天下③，而民从之，吉又何咎矣。

【注释】

①刚中：阳爻居中位，上下有阴爻相应。
②行险：在险道上行军。师卦下为坎，坎为险。
③毒：通"督"，治理。

【译文】

《彖传》说："师"，部属众多。"贞"，持守正道。率领属众坚守正道，可以作君王。内有刚健，外有应合，行险道而顺利，以此治理天下，民众就会跟从，如此吉利又有什么灾祸呢。

《象》曰：地中有水，师。君子以容民畜众。“师出以律”，失律凶也。“在师中，吉”，承天宠也[①]。“王三锡命”，怀万邦也[②]。“师或舆尸”，大无功也[③]。“左次，无咎”，未失常也。“长子帅师”，以中行也。“弟子舆尸”，使不当也。“大君有命”，以正功也[④]。“小人勿用”，必乱邦也。

【注释】

①天宠：君王的信任。

②怀：安抚，平定。

③大无功：失败惨重。

④正功：论功行赏。

【译文】

《象传》说：上坤下坎，坤为地，坎为水，地中有水，就是《师》卦。君子以此广容百姓，聚养众人。“师出以律”，说明军队如果没有纪律，必然会凶败。“在师中，吉”，因为得到君王的信任。“王三锡命”，为了安抚万邦，平定天下。“师或舆尸”，说明失败惨重。“左次，无咎”，没有丧失常律。“长子帅师”，说明行事中正。“弟子舆尸”，说明任人不当。“大君有命”，是论功行赏。“小人勿用”，任用小人必然祸乱国家。

扩展阅读

叶公亦至[①]，及北门，或遇之，曰：“君胡不胄[②]？国人望君如望慈父母焉。盗贼之矢若伤君，是绝民望也。若之何不胄？”乃胄而进。又遇一人曰：“君胡胄？国人望君如望岁焉[③]，日日以几。若见君面，是得艾也[④]。民知不死，其亦夫有奋心，犹将旌君以徇于国[⑤]，而反掩面以绝民望，不亦甚乎？”乃免胄而进。遇箴尹固帅其属[⑥]，将与白公[⑦]。子高曰：“微二子者[⑧]，楚不国矣。弃德从贼，其可保乎？”乃从叶公。使与国人以攻白公。白公奔山而缢。

（《左传·哀公十六年》）

【注释】

①叶公：即沈诸梁，字子高，楚国大夫。

②胄（zhòu）：头盔，此处作动词，戴上头盔。

③望岁：盼望丰收。

④艾（yì）：安心。

⑤徇：巡行。

⑥箴（zhēn）尹固：楚国大夫，参与吴楚柏举之战。

⑦白公：楚太子建的儿子，名胜，回楚国后受封白邑。

⑧二子：子西、子期，楚国的两位重臣，当时子西任令尹，子期任司马，柏举之战后，两人为楚国复国立下汗马功劳。

【译文】

叶公也赶来了，走到北门，有人遇到他，说：“您为什么不戴上头盔？国内的人们盼望您好像盼望慈爱的父母，盗贼的箭如果射伤您，这就断绝了百姓的希望。为什么不戴上头盔？”于是，叶公就戴上头盔前进。又遇到一个人，说：“您为什么戴上头盔？国内的人们盼望您好像盼望丰收一样，天天盼望，如果见到您的面，就能安心了。百姓知道不会再有生命危险，人人就有奋战之心，还要把您的名字写在旗帜上在都城里巡行，但是您却把脸遮掩起来以断绝百姓的盼望，不也太过分了吗？”于是，叶公又脱下头盔前进。遇到箴尹固率领他的部下，准备去帮助白公胜。叶公说：“如果没有子西他们两位，楚国就不成为国家了，抛弃德行跟从盗贼，难道可以保身吗？”箴尹固就跟随叶公。叶公派他和国都内的人一起攻打白公胜。白公胜逃到山上上吊死了。

点评

出师行军，征战杀伐，无论怎么说，都是险象环生，一着不慎，就会全盘皆输。所以行军打仗首要的便是严明军纪，没有军纪，便是乌合之众，前进必然失败。然而，严明的军纪往往取决于军队的首领，主帅明令，士兵跟随，这样才能“行险而顺”。因此，将才的选任往往是行军出师的重中之重，这也是卦辞一再强调“长子帅师”“小人勿用”“丈人吉”的原因。同时，战争的胜负也与君王的策略密不可分，作为位高权重的国家元首，必须信任军中的主帅，做他们坚强的后盾，这就是所谓的“王三锡命”；战争胜利后，论功行赏，更要注意公平，这就是所谓的“开国承家，小人勿用”。

打仗不仅要注重技术，更要强调道义。师出有名，正义之战，才能获得民心，获得拥护，如此行军打仗无不利。在白公之乱中，叶公诸梁之所以戴胄又免胄，就是争取民心，因为民心的向背，决定着战事的胜负。得民心者得天下，自古皆然。所以，真正的君子往往把工夫用到平常，只有平常宽待百姓，蓄养民众，率民以正，才能在关键时刻用民出师，安抚万邦，平定天下。通过《师》卦，我们懂得了“容民畜众”的道理。

七　比卦亲辅

䷇ 坤下坎上

比：吉。原筮[1]，元，永贞，无咎。不宁方来，后夫凶。

初六，有孚比之，无咎。有孚盈缶[2]，终来有它[3]，吉。

六二：比之自内，贞吉。

六三：比之匪人[4]。

六四：外比之，贞吉。

九五：显比[5]，王用三驱，失前禽，邑人不诫[6]，吉。

上六：比之无首，凶。

【注释】

①原筮：筮原，占问本意。

②盈：充满。　缶：瓦盆。

③终来有它：倒装句，终有它来。

④匪人：不正派的人。

⑤显比：广泛的亲善。

⑥诫：诫惧。

【译文】

《比》卦：吉利。占问依附的本意，一开始就长久地持守正道，没有灾祸。不安宁之邦来依附，后到的那个会有凶险。

初六：心怀诚信去依附，没有灾祸。诚信满怀，终会使他人依附，吉利。

六二：自己内部团结一致，持守贞固，吉利。

六三：与不正派的人亲近。

六四：与外邦亲善，持守贞固，吉利。

九五：广泛亲善。君王打猎时三面驱赶，留一面听任禽兽逃跑。邑中百姓因此知君王有仁德之心而不诫惧，主动依附，吉利。

上六：众人聚集，却没有首领，凶险。

《彖》曰：比，吉也；比，辅也，下顺从也。"原筮，元永贞，无咎"，以刚中也[①]。"不宁方来"，上下应也[②]。"后夫凶"，其道穷也。

【注释】

①刚中：阳爻居九五，阳刚在中位。

②上下应：比卦的六二阴爻与九五的阳爻相应。

【译文】

《彖传》说：比卦，吉利。比，是辅佐、亲辅，是下顺从上。"原筮，元永贞，无咎"，是因为阳刚居于中位。"不宁方来"，是上下相亲相应。"后夫凶"，因为后来者失礼无道，穷途末路。

《象》曰：地上有水[①]，比。先王以建万国，亲诸侯。比之初六，有它吉也。“比之自内”，不自失也[2]。“比之匪人”，不亦伤乎？外比于贤，以从上也。“显比”之吉，位正中也。舍逆取顺，“失前禽”也。“邑人不诫”，上使中也。“比之无首”，无所终也。

【注释】

①地上有水：《比》卦下坤上坎，坤为地，坎为水。

②自失：失去原有的。

【译文】

《象传》说：坤为地，坎为水，坤下坎上，地上有水，就是《比》卦，象征着亲密比辅的关系。先王据此创建万国之邦，亲善诸侯。《比》卦的初六，使他人归附吉利。“比之自内”，就不会使自己有过失。“比之匪人”，岂不要受到伤害？在外面亲辅贤明的人，这就是下从上。“显比”的吉祥，在于位居正中。舍弃不从，取其顺从，就是“失前禽”。“邑人不诫”，是因为君王持守中道。“比之无首”，说明不会有好的结果。

扩展阅读

汤见祝网者[1]，置四面，其祝曰：“从天坠者，从地出者，从四方来者，皆离吾网[2]。”汤曰：“嘻！尽之矣。非桀，其孰为此也？”汤收其三面，置其一面，更教祝曰：“昔蛛蝥作网罟[3]，今之人学纾[4]。欲左者左，欲右者右，欲高者高，欲下者下，吾取其犯命者[5]。”汉南之国闻之曰[6]：“汤之德及禽兽矣。”四十国归之。人置四面，未必得鸟；汤去其三面，置其一面，以网其四十国，非徒网鸟也。

（《吕氏春秋·异用》）

【注释】

①祝网：设网祷告。

②离：通“罹”（lí），遭受。

③蛛蝥（máo）：蜘蛛。　罟（gǔ）：网。

④纾：通“杼”，意为纺织。

⑤犯命：触犯天命。

⑥汉南：汉水以南。

【译文】

商汤在郊外看见一个猎人四面设网，然后祷告说：“从天上落下来的，从地上生出来的，从四方跑来的，让它们都被我的网网住。”商汤说：“嘻！这样做会把禽兽都杀光的。除了夏桀那样的暴君，谁还会做这种事呢？”商汤收起三面的网，只在一面设网，重新教那人祷告说：“从前蜘蛛结网，现在的人也学会了纺织。禽兽想向左的就向左去，想向右的就向右去，想向高处就向高处去，想向低处就向低处去，我只捕取那些触犯天命的。”汉水以南的国家听说了这件事，都说：“商汤的仁德连禽兽都顾及到了呀。”于是四十个国家归附了他。别人在四面设网，未必能捕获鸟；商汤撤去三面的网，只在一面设网，却因此得到了四十个国家的归附，这不仅仅是捕捉飞鸟啊！

点评

独木不成林，社会是一个大集体，每一个人走向成功的过程，离不开个人的奋斗，也离不开亲戚朋友的帮助。《比》卦的意义就是告诉我们如何获得亲戚朋友，乃至其他人的帮助，进而相亲相辅，取得事业的成功。

要想获得亲辅，获得别人的帮助，自己首先要满怀诚信，以诚待人，这就是“有孚比之，无咎，有孚盈缶”的道理。有了诚心，还要持之以恒地坚守，不要徘徊和犹豫，不然前途同样凶险。争取亲辅的对象要由内到外，由近及远，“比之自内”争取了亲戚朋友的帮助，这才是“不自失”；然后再去“外比之”，也就是争取其他人的帮助。得到别人的亲辅，千万不要用强制的方法，争取的过程要像打猎一样，懂得网开一面，懂得“舍逆取顺”，这样不但吉祥无凶险，还会争取更多的人来亲辅。在这方面，商汤的做法无疑更能说明问题：大度、宽容地舍弃一部分，往往会得到更多的亲辅。

八 小畜志行

☴☰ 乾下巽上

小畜：亨。密云不雨。自我西郊。

初九：复自道①，何其咎？吉。

九二：牵复②，吉。

九三：舆说辐③。夫妻反目。

六四：有孚④，血去⑤，惕出，无咎。

九五：有孚挛如⑥，富以其邻⑦。

上九：既雨既处⑧，尚德载⑨。妇贞厉。月几望⑩，君子征，凶。

【注释】

①复：返回。

②牵：拉着，牵着。

③舆：车。 说：通“脱”。 辐：车轮上的辐条。

④孚：诚信。

⑤血：血气，暴躁之气。

⑥挛（luán）如：捆得很紧的样子，坚守如一。

⑦富：使富有。

⑧既：已经。 处：停止。

⑨尚：还，依然。 德载：载德。

⑩几：接近。 望：农历每个月十五日那一天，因为月圆，故称月望。

【译文】

《小畜》卦象征着小有积蓄，亨通。阴云密布，还没有下雨，风从西边吹过来。

初九：返回到正道，没有什么灾祸。吉利。

九二：牵连于初，旁通于六四而畜之，吉利。

九三：车子的辐条散落，夫妻俩反目成仇。

六四：心怀诚信，不要暴躁，注意警惕，不会有什么灾祸。

九五：心有诚信，与人紧密联系，使邻人也富有。

上九：雨下了，又停了，还需要载德而行。妇人应持守贞正，以防出现危险。月亮接近满月时，君子离家远行，有凶险。

《彖》曰：小畜，柔得位而上下应之①，曰小畜。健而巽②，刚中而志行③，乃亨。“密云不雨”，尚往也④。“自我西郊”，施未行也。

【注释】

①柔得位：二、四上是阴位，阴爻居四，故称得位。 上下应：二、四位分别是阳爻、阴爻，所以相应。

②巽（xùn）：顺从，和顺。

③刚中：二、五都是阳爻。 志行：行君子之德。

④尚：还。

【译文】

《彖传》说：“小畜”，是阴柔得位，上下应合，一柔养五刚，所以叫“小畜”。刚健而和顺，居中正之位而行君子之德，所以说亨通。“密云不雨”，说明还需要继续努力。“自我西郊”，说明施展能力的时机还未到来。

《象》曰：风行天上[1]，小畜。君子以懿文德[2]。"复自道"，其义"吉"也。"牵复"在中，亦不自失也。"夫妻反目"，不能正室也。"有孚，惕出"，上合志也[3]。"有孚挛如"，不独富也。"既雨既处"，德积载也。"君子征，凶"，有所疑也。

【注释】

①风行天上：《小畜》卦下乾上巽，乾为天，巽为风，故称"风行天上"。

②懿：美好。

③上：通"尚"，推崇。

【译文】

《象传》说：乾为天，巽为风，风在天上运行，就是"小畜"。君子据此修养美好的德行。"复自道"，行为正当，这是吉祥的。"牵复"居守中位，说明也不会失去德行。"夫妻反目"，说明家庭不和睦。"有孚，惕出"，推崇心志上下应合。"有孚挛如"，说明不独享财富。"既雨既处"，说明还需广积德行。"君子征，凶"，是因为前途晦暗可疑。

扩展阅读

思明有良马千馀匹，每日出于河南渚浴之[1]，循环不休以示多。光弼命索军中牝马[2]，得五百匹，絷其驹于城内[3]。俟思明马至水际[4]，尽出之，马嘶不已，思明马悉浮渡河，一时驱之入城。

思明怒，列战船数百艘，泛火船于前而随之，欲乘流烧浮桥。光弼先贮百尺长竿数百枚，以巨木承其根，毡裹铁叉置其首[5]，以迎火船而叉之。船不得进，须臾自焚尽。又以叉拒战船，于桥上发砲石击之⑥，中者皆沉没，贼不胜而去。

（《资治通鉴·卷二百二十一》）

【注释】

①渚（zhǔ）：沙洲。

②牝（pìn）马：母马。

③絷（zhí）：拴，捆。

④俟：等待。

⑤氈（zhān）：毡，片状物。

⑥砲石：炮石，用炮抛射的石头。

【译文】

史思明有一千多匹好马，每天把它们带到黄河南岸的沙洲上去洗澡，轮流替换没有停止，以显示马匹很多。李光弼命令把军中的母马都挑选出来，共有五百匹，把小马驹都拴在城内。等史思明的马到了水边后，李光弼就把那些母马全部放出来，那些母马一时嘶鸣不已。史思明的战马看见后，都纷纷渡过黄河来追赶母马，一小会儿就被全部赶入城中。

史思明大怒，在河中摆列了数百艘战船，在船队前摆上火船，他们在后面跟随，想要顺流烧毁浮桥。李光弼事先预备了数百根百尺长的木杆，用大木头撑住，把毡裹的铁叉安置在长杆前端，阻拦并叉住了火船，使火船无法前进，不久火船就自动烧毁。然后又用铁叉拦住那些战船，从桥上用炮发射大石块攻击，被击中的船只纷纷沉没，叛军大败而退。

点评

小畜，蓄积、积蓄，它告诉我们做事情要注意积蓄力量，只有力量蓄积到一定程度时，才能“刚中而志行”。实现自己志向的过程往往不那么顺利，这种情况的出现存在许多原因。乌云密布、大雨倾盆、道路泥泞、车子辐条脱落，这些情况的出现，我们自己实在难以把握，它们代表着阻碍前进的客观因素。但是，事情的成功与否往往取决于主观的因素，面对困境，我们的主观努力就是解决问题的关键：与道路泥泞、辐条脱落相比，“夫妻反目”难守正道等人为因素更具破坏力。所以，当事业出现问题时，我们需要的是冷静、协作，而不是暴躁和怨天尤人。

当前进不顺时，我们也可以考虑原路返回，即“复自道”，这种做法不是后退，而是另一种前进。因为在返回的过程中，我们只要心存诚信，冷静反思，往往会迎来吉祥，这就是“牵复，吉”。李光弼的做法显然就应合了这一要求：面对史思明的挑衅，他冷静对待，以守为主；一旦对方有了空隙，他便主动出击，不仅获得了良马千匹，还焚毁了敌军的百艘战船。以退为进，往往收获更大。

九　履卦谨慎

☱☰ 兑下乾上

履：履虎尾[①]，不咥人[②]。亨。

初九：素履往[③]，无咎。

九二：履道坦坦，幽人贞吉[④]。

六三：眇能视[⑤]，跛能履[⑥]，履虎尾，咥人，凶。武人为于大君[⑦]。

九四：履虎尾，愬愬[⑧]，终吉。

九五：夬履[⑨]，贞厉。

上九：视履考祥[⑩]，其旋元吉[⑪]。

【注释】

①履：踩，意为行为、行事。

②咥（dié）：咬。

③素：洁白，无装饰。　素履：行为清正。

④幽人：深思明哲之人。

⑤眇（miǎo）：视力不好。

⑥跛：腿脚有病。

⑦武人：凶暴的武夫。　大君：国君。

⑧愬愬（shuò）：恐惧的样子。

⑨夬（guài）：决断。

⑩考：考察。　祥：吉祥，美善。

⑪旋：反复，始终。

【译文】

《履》卦：踩到老虎的尾巴，老虎不咬人，亨通。

初九：清白行事，没有灾祸。

九二：深思明哲的人行走在平坦的大道上，持守贞正，吉利。

六三：眼睛不好还强看，跛了脚还强走。踩到老虎尾巴，老虎咬人，凶险。武士要效力于大人君主。

九四：踩到老虎的尾巴，心中戒惧谨慎，终将获得吉利。

九五：行事刚猛果断，虽有贞正，也难免出现危险。

上九：回顾所行之善恶，就可以考察吉凶的征兆，这是因为上九能回还而下应于三爻之阴，所以，始终都会大吉大利。

《彖》曰：履，柔履刚也①，说而应乎乾②，是以"履虎尾，不咥人"。亨，刚中正③，履帝位而不疚④，光明也。

【注释】

①柔履刚：六三为阴爻，下有两个阳爻。

②说：通"悦"，和悦。　应：六三为阴爻，与上九的阳爻相应。

③刚中正：二、五位都是阳爻。

④疚：病，过失。

【译文】

《彖传》说：《履》卦，以轻柔之足行走于坚刚之体上，和悦而且与乾相应和，所以即使不小心"踩着了虎尾巴，老虎也不会咬人"。亨通，是因为阳爻居于中正之位，居天子之位而没有过失，前途光明。

《象》曰：上天下泽[①]，“履”。君子以辨上下，定民志。“素履之往”，独行愿也[②]。“幽人贞吉”，中不自乱也。“眇能视”，不足以有明也。“跛能履”，不足以与行也。“咥人之凶”，位不当也[③]。“武人为于大君”，志刚也。“愬愬终吉”，志行也。“夬履，贞厉”，位正当也[④]。元吉在上，大有庆也。

【注释】

①上天下泽：《履》卦上乾下兑，乾为天，兑为泽。

②愿：志愿。

③位不当：三为阳位，阴爻居阳位，不当位。

④位正当：五为阳位，阳爻居阳位，当位。

【译文】

《象传》说：乾为天，兑为泽，上天下泽，就是《履》卦。君子据此辨别上下，安定民志。“素履之往”，说明自己愿意奉行朴实的美德。“幽人贞吉”，说明自己的心志不混乱。“眇能视”，说明视力不足以看见东西。“跛能履”，说明腿脚不足以下地走路。“咥人之凶”，说明居位不当。“武人为于大君”，因为他有乾刚之志。“愬愬终吉”，说明志向能够施行。“夬履，贞厉”，说明居位正当。元吉在上，说明值得庆贺。

扩展阅读

武王胜殷，得二虏而问焉[①]，曰：“若国有妖乎[②]？”一虏对曰：“吾国有妖，昼见星而天雨血[③]，此吾国之妖也。”一虏对曰：“此则妖也，虽然，非其大者也。吾国之妖甚大者，子不听父，弟不听兄，君令不行，此妖之大者也。”武王避席再拜之。

此非贵虏也，贵其言也。故《易》曰："愬愬履虎尾，终吉。"

（《吕氏春秋·慎大》）

【注释】

①虏：俘虏。

②妖：怪异的事。

③雨：动词，下。

【译文】

周武王战胜殷商后，抓到了两个俘虏，问他们："你们国家有怪异的事吗？"一个俘虏回答说："我们国家有怪异的事，白天出现星星，天上下起血雨，这就是我们国家的怪异之事。"另一个俘虏回答说："这诚然是怪异之事，虽说如此，但还算不上大的怪异。我们国家特大的怪异是儿子不顺从父亲，弟弟不服从兄长，君主的命令不能实行。这才算最大的怪异之事呢！"周武王听了，急忙离开座席，向他行再拜之礼。这不是认为俘虏尊贵，而是认为他的言论可贵。所以《周易》上说："战战兢兢，像踩着老虎的尾巴一样，终将获得吉祥。"

点 评

《履》卦阳刚在上，阴柔在下，阳爻多阴爻少，阴服务于阳，这就像"履虎尾"，如果小心谨慎，不刚烈勇猛，老虎不但不会咬人，还会给人带来亨通。显然，这一卦中的重要意象老虎便代表着凶猛的阳刚之气，它所告诉我们的就是如何用阴柔和顺来引导、规范这种凶猛的阳刚。

抑制刚烈凶猛，我们必须首先明白柔弱和顺的重要作用，所以说"素履往"，守静安贞，必然"履道坦坦"，即使踩到了老虎的尾巴，也能因为小心谨慎而免除灾祸，这就是所谓的"幽人贞吉"；相反，如果行事刚猛迅烈，这就好像一下子踩疼了老虎，最终必然遭遇凶险。所以，我们行事之时应该戒惧谨慎、仔细考虑，沉着冷静而机敏细致，这就是“视履考祥”，也只有这样才能获得“元吉”。周武王之所以“避席再拜”俘虏之言，原因就在于他领悟到了《履》卦治国为政的道理。

十 泰卦和畅

䷊ 乾下坤上

泰：小往大来①，吉，亨。

初九：拔茅茹②，以其汇③。征吉。

九二：包荒④，用冯河⑤，不遐遗⑥。朋亡⑦，得尚于中行⑧。

九三：无平不陂⑨，无往不复。艰贞无咎。勿恤其孚⑩，于食有福。

六四：翩翩⑪，不富以其邻，不戒以孚。

六五：帝乙归妹⑫，以祉元吉⑬。

上六：城复于隍⑭，勿用师，自邑告命。贞吝。

【注释】

①小往大来：由上向下为往，由下向上为来，坤往乾来，是小往大来。

②茅茹：根相连的茅草。

③汇：类别，种类。

④包：用作“匏”（páo），匏瓜。 荒：挖空。

⑤冯（píng）河：渡河。

⑥不遐：不至于。 遗：下落，下沉。

⑦朋：同类为朋，朋友。

⑧得尚：得到帮助。

⑨陂（bēi）：斜坡。

⑩恤：担心，忧虑。 孚：诚信。

⑪翩翩：鸟儿轻盈群飞。

⑫帝乙：殷纣王的父亲。 归：嫁。 妹：少女。

⑬祉（zhǐ）：获得福祉。

⑭隍：护城的濠沟。

【译文】

《泰》卦：阴柔在上，阳刚在下，一来一往，吉利，亨通。

初九：拔起根系相互牵连的茅草，同类者连带而起。前进，吉利。

九二：挖空匏瓜，用来渡河，不至于下沉。心中不结党营私，而以中正之德去辅佐君王。

九三：没有总是平地而没有斜坡的，没有总是前进而没有回转的。艰难时持守正道，没有什么灾难。不用担心自己太诚实，这样会有福分。

六四：翩翩地飞来飞去，因上与阴虚为邻，下有乘阳之嫌，所以不富，这是不以诚信戒其行为的缘故。

六五：殷王帝乙把妹妹嫁给周文王，获得福祉，大吉大利。

上六：城墙倒塌在城濠中。邑中传来命令，不要出兵进攻，持守贞正，以免出现危险。

《彖》曰："泰，小往大来，吉，亨。"则是天地交而万物通也，上下交而其志同也。内阳而外阴①，内健而外顺②，内君子而外小人，君子道长，小人道消也。

【注释】

①内阳：泰卦下为乾，乾为阳。　外阴：泰卦上为坤，坤为阴。

②内健：下为乾，为内卦。　外顺：上为坤，为外卦。

【译文】

《彖传》说："泰，小往大来。吉，亨。"这是说天地相通，万物生长，上下相通，志同道合。阳在内，阴在外，内怀刚健，外行柔顺。君子在内，小人在外，君子的声势不断扩大，小人的声势不断消退。

《象》曰：天地交，泰。后以财成天地之道[①]，辅相天地之宜，以左右民。"拔茅，征吉"，志在外也。"包荒，得尚于中行"，以光大也。"无往不复"，天地际也[②]。"翩翩，不富"，皆失实也[③]。"不戒以孚"，中心愿也。"以祉元吉"，中以行愿也。"城复于隍"，其命乱也。

【注释】

①后：君王。

②际：边际。

③实：刚实，阳刚。

【译文】

《象传》说：乾下坤上，乾为天，坤为地，天地相通就是泰卦。君王应效法天地之道，协助天地万物各得其宜，引导百姓安居乐业。"拔茅，征吉"，说明心志向外进取。"包荒，得尚于中行"，说明行为光明正大。"无往不复"，是因为九三处于天地交接之处。"翩翩，不富"，说明失去了阳刚之气。"不戒以孚"，是因为心中已有了诚信。“以祉元吉”，是持守中道实现愿望的结果。“城复于隍”，是因为阴乘于阳，尊卑颠倒，政令不顺。

扩展阅读

武王使人候殷[①]，反报岐周曰[②]：“殷其乱矣！”武王曰：“其乱焉至？”对曰：“谗慝胜良[③]。”武王曰：“尚未也。”又复往，反报曰：“其乱加矣！”武王曰：“焉至？”对曰：“贤者出走矣。”武王曰：“尚未也。”又往，反报曰：“其乱甚矣！”武王曰：“焉至？”对曰：“百姓不敢诽怨矣[④]。”武王曰：“嘻！”遽告太公[⑤]，太公对曰：“谗慝胜良，命曰戮；贤者出走，命曰崩；百姓不敢诽怨，命曰刑胜。其乱至矣，不可以驾矣[⑥]。”故选车三百，虎贲三千[⑦]，朝要甲子之期[⑧]，而纣为禽。

（《吕氏春秋·贵因》）

【注释】

①候：刺探。

②岐周：岐山下的周朝城池。

③谗慝（tè）：邪恶的人。　良：正直的人。

④诽怨：怨恨。

⑤遽：立刻。　太公：姜太公。

⑥驾：增加。

⑦虎贲（bēn）：勇士。

⑧朝：早朝。　要：约。

【译文】

周武王派人打探殷商的动静，那人回到岐周报告说：“殷商大概要出现混乱了。”周武王问：“它的混乱到了什么程度？”那人回答：“邪恶的人胜过了忠良的人。”周武王说：“混乱还没有到达极点。”那人又回去打探，回来报告说：“商朝的混乱程度加重了。”周武王问：“到了什么程度？”

那人回答："贤德的人都出逃了。"周武王说："混乱还没有到达极点。"那人又去打探，回来报告说："商朝的混乱很厉害了！"周武王问："到了什么程度？"那人回答："老百姓都不敢讲怨恨不满的话了。"周武王说："啊！"赶快把这种情况告诉了姜太公，姜太公回答说："邪恶的人胜过了忠良的人，叫做暴乱；贤德的人出逃，叫做崩溃；老百姓不敢讲怨恨不满的话，叫做刑法太苛刻。商朝的混乱达到了极点，已经无以复加了。"因此挑选了三百辆战车，三千名勇士，早朝约好甲子日会师，一举擒获了商纣王。

点 评

《泰》卦乾在内坤在外，刚在内柔在外，阳气增强，阴气消退，这说明客观环境比较顺利，君子进取将大有所为。当然，顺利不代表没有缺憾，这就像平坦的路途也免不了出现斜坡，前进的过程也会有回头的时刻，即"无平不陂，无往不复"。只要我们心怀诚信，坚持不懈、百折不回，即使失去一些财物，最终也会获得帮助，取得福祉。

《泰》卦强调和畅，阴阳交互、天地相通、男女相伴、君臣协作、上下相应、来往相复，这些都是和畅的表现。有了交互，才能和畅，才能获得福祉，大吉大利。所以我们要顺应天道，遵守人道，如果有违天道，一直发展下去必然会出现"城复于隍"的状况。商纣王的做法显然就违背了天地交通、上下相和的道理：他亲小人远贤人，禁锢上下相通，老百姓满腹怨气，却只能压抑，结果身死国灭。这说明，和畅获得吉祥，不和畅则必有凶险。

十一　否卦俭德

☰☷ 坤下乾上

否：否之匪人[①]，不利君子贞，大往小来[②]。

初六：拔茅茹，以其汇。贞吉，亨。

六二：包承[③]，小人吉，大人否。亨。

六三：包羞[④]。

九四：有命无咎，畴离祉[⑤]。

九五：休否[⑥]，大人吉。其亡其亡[⑦]，系于苞桑。

上九：倾否[⑧]，先否后喜。

【注释】

①否（pǐ）：闭塞不通。　匪人：违反人道。

②大往：乾在外，阳气下移。　小来：坤在内，阴气上移。

③包承：容纳顺承，曲意奉承。

④包羞：容纳耻辱，忍受耻辱。

⑤畴：通"俦"，同类。　离：通"罹"，受到，得到。　祉：福祉。

⑥休：停止。

⑦亡：危险，败亡。

⑧倾：倾覆。

【译文】

《否》卦：违反人道，不利于持守正道的君子。阳气在外，阴气在内。

初六：拔起连根的茅草，同类者连带而起。吉利，亨通。

六二；曲意奉承，小人获得吉祥，大人否定此道，也亨通。

六三：忍受耻辱。

九四：奉行天命，没有灾祸，同类的人也会获得福祉。

九五：危难停止，大人可获得吉祥。多么危险呀，要使我系于如山之固，如桑之坚。

上九：倾倒闭塞。开始还存有闭塞，后来便通泰喜悦。

《彖》曰："否之匪人，不利君子贞，大往小来。"则是天地不交而万物不通也，上下不交而天下无邦也；内阴而外阳①，内柔而外刚②，内小人而外君子，小人道长，君子道消也。

【注释】

①内阴：《否》卦坤在内。　外阳：《否》卦乾在外。

②内柔：坤为柔，在内。　外刚：乾为刚，在外。

【译文】

《彖传》说："否之匪人，不利君子贞，大往小来。"这就是天地不相通，万物不能正常生长，上下不相通，天下混乱不能建成国家。阴气在内而阳气在外，柔在内而刚在外，小人在内而君子在外，小人的声势逐渐增大，君子的声势逐渐消退。

《象》曰：天地不交，"否"。君子以俭德辟难①，不可荣以禄②。"拔茅贞吉"，志在君也。"大人否，亨"，不乱群也。"包羞"，位不当也③。"有命无咎”，志行也。大人之吉，位正当也[4]。否终则倾，何可长也。

【注释】

①俭德：以简单、收敛、谨慎为德。辟：通“避”，避开。

②荣以禄：以禄为荣。

③位不当：三为阳位，阴爻居之。

④位正当：五为阳位，阳爻居之。

【译文】

《象传》说：天地闭塞不相通，就是《否》卦。君子应该以收敛谨慎为德，避开危难，不可过分追求荣华、俸禄。“拔茅贞吉”，是因为心志顺从君王。“大人否，亨”，说明大人不为小人之道所乱。“包羞”，是因为居位不当。“有命无咎”，是因为志在施行。“大人之吉”，是因为居位正当。闭塞发展到极致必然倾倒，闭塞不通不可能持续长久。

扩展阅读

子胥临行[1]，谓其子曰：“吾数谏王，王不用，吾今见吴之亡矣。汝与吴俱亡，无益也。”乃属其子于齐鲍牧[2]，而还报吴。

吴太宰嚭既与子胥有隙[3]，因谗曰：“子胥为人刚暴，少恩，猜贼[4]，其怨望恐为深祸也。前日王欲伐齐，子胥专愎强谏[5]，沮毁用事[6]，徒幸吴之败以自胜其计谋耳[7]。今王自行，悉国中武力以伐齐，而子胥谏不用，因辍谢[8]，详病不行[9]。王不可不备，此起祸不难。且嚭使人微伺之，其使于齐也，乃属其子于齐之鲍氏。夫为人臣，内不得意，外倚诸侯，自以为先王之谋臣，今不见用，常鞅鞅怨望[10]。愿王早图之。”吴王曰：“微子之言[11]，吾亦疑之。”乃使使赐伍子胥属镂之剑[12]，曰：“子以此死。”伍子胥仰天叹曰：“嗟呼！谗臣嚭为乱矣，王乃反诛我。我令若父霸[13]。自若未立时，诸公子争立，我以死争之于先王，几不得立。若既得立，欲分吴国予我，我顾不敢望也。然今若听谀臣言以杀长者。”乃告其舍人曰：“必树吾墓上以梓，令可以为器⑭；而抉吾眼县吴东门之上⑮，以观越寇之入灭吴也。”乃自刭死。

（《史记·伍子胥列传》）

【注释】

①临行：伍子胥要出使齐国。

②属：同“嘱”，嘱托，托付。

③太宰嚭（pǐ）：伯嚭。　隙：隔阂。

④猜贼：猜忌狠毒。

⑤专愎：任性，独断，固执。

⑥沮：反对。

⑦徒幸：只希望。

⑧辍谢：找理由不上朝。

⑨详：通“佯”,假装。

⑩鞅鞅（yàng）：通“怏怏”，心怀不满的样子。

⑪微：无，没有。

⑫属镂：宝剑名。

⑬若：你。

⑭器：指棺材。

⑮抉（jué）：挖出。　县（xuán）：通“悬”，悬挂。

【译文】

子胥要出使齐国，对他的儿子说：“我屡次劝谏大王，大王不听。我看吴国很快就灭亡了，你和吴国一起灭亡，没有什么好处。”于是，他把儿子带到了齐国，嘱托给了齐国的鲍牧，而自己返回吴国向吴王汇报。

吴国太宰嚭已与伍子胥有矛盾，他趁机在吴王面前说：“伍子胥为人强硬凶恶，没有情义，猜忌狠毒，他的怨恨恐怕要酿成深重的灾难。前次大王要攻打齐国，他独断固执，强行谏阻，败坏、诋毁大王的事业，只希望吴国战败来证明自己的计谋高明。现在大王亲自出征，出动全国的武装力量攻打齐国，而伍子胥就因为你没有听他的话，因此就不上朝，假装有病不随大王出征。大王不可不戒备，这是很容易引起祸端的。况且我派人暗中探查，他出使齐国，就把他的儿子托付给齐国的鲍氏。作为臣子，在国内不得意，就在外勾结诸侯，自恃是先王的谋臣，现在不被信用，就心怀不满。对于这样的人，希望大王早作处置。”吴王说：“即使你不说这些话，我也早就怀疑他了。”于是，就派人把属镂宝剑赐给伍子胥，说：“你用这把剑自杀。”伍子胥仰天长叹说：“唉！本是谗言小人伯嚭要作乱，大王反来杀我。我使你父亲称霸。在你还没确定为王位继承人的时候，公子们争着立为太子，我在先王面前冒死相争，你差一点得不到太子之位。你即位后，还想把吴国分给我一半，我都没有要。可现在你竟听信谄媚小人的坏话来杀害长辈。”于是，他告诉他身边的门客说：“你们一定要在我的墓地种几棵梓树，让它长大能够做棺材。还要把我的眼珠挖出来挂在吴国都城的东门楼上，来看看越国人怎样进来灭掉吴国。”于是自刎而死。

点评

《否》卦表示阴阳闭塞不通，阳刚消退，阴气渐盛，说明形势处于困境，这种困境的出现往往是客观环境造成的，是一种非人力所能为的状态。所以面对这种困境，较为明智的选择不是一往直前、永不回头，也不是曲意逢迎、同流合污，而是俭德为本、深居简出。卦辞中所谓“包羞”“有命”就是告诉我们要退守隐忍，持守正道，等待“休否”“倾否”的时机，迎来“大人”的吉祥和喜悦。

处于《否》卦，当然会出现险境，所谓“其亡其亡，系于苞桑”指的就是千钧一发、岌岌可危的状态。但这种险境显然不会持续长久，只要我们“包羞忍辱”、戒惧谨慎，一定会否极泰来，“守得云开见月明”。相反，处于这种险境如果还刚硬直进、以禄为荣，那么前途必然凶险。伍子胥的遭遇能够给我们一些启示：小人当道而又缺乏信任的情况下，一味地刚烈直谏、积极行事，还不如推手简出、待时而变。这样不但不会失去生命，还有可能获得东山再起的机会。

十二　同人和睦

☰ 离下乾上

同人：同人于野，亨。利涉大川。利君子贞。

初九，同人于门①，无咎。

六二：同人于宗②，吝。

九三：伏戎于莽③，升其高陵，三岁不兴。

九四：乘其墉④，弗克攻，吉。

九五：同人先号咷而后笑⑤，大师克，相遇。

上九：同人于郊，无悔。

【注释】

①门：王门。古代经常在王门前聚众训话、誓师、演练等。

②宗：祭祀祖先的宗庙。

③戎：军队。　莽：草丛密林。

④乘：登上。　墉（yōng）：城墙。

⑤号咷：大声哭喊。

【译文】

《同人》卦：在宽广的原野上与众多的人和同，亨通。有利于渡过大江大河，利于君子持守正道。

初九：在王门外与人和同，没有什么灾祸。

六二：在宗庙内私意和同，有艰险。

九三：把军队隐藏在密林草丛中，又登上高坡，但三年不敢兴兵交战。

九四：登上城墙，没有去进攻，吉利。

九五：与人和同，先大声哭喊，然后欢笑，因为大军克敌制胜，相遇会师。

上九：在郊外与人和同没有悔恨。

《彖》曰：同人，柔得位得中①，而应乎乾②，曰同人。同人曰："同人于野，亨。利涉大川"，乾行也③。文明以健④，中正而应⑤，君子正也。唯君子为能通天下之志。

【注释】

①柔得位：二为阴位，阴爻居之。 得中：二为中位，阴爻居中。

②应乎乾：六二的阴爻与九五的阳爻相应。

③乾行：刚健前行。

④文明：《同人》卦下为离，离为火，火光文彩明亮。

⑤中正而应：阴爻居六二中位，阳爻居九五中位。

【译文】

《彖传》说：《同人》卦，阴爻当位又居中位，与乾卦的九五相应，象征着与人和同。《同人》卦辞说："同人于野，亨。利涉大川"，表示乾道刚健，利于前进。内在刚健而又文彩光明，行为中正而上下相应，这就是君子持守的正道。只有君子才能沟通天下人的心志，走向大同。

《象》曰：天与火①，同人。君子以类族辨物②。"出门同人"，又谁咎也③。"同人于宗"，吝道也。"伏戎于莽”，敌刚也。“三岁不兴”，安行也？[4]“乘其墉”，义弗克也[5]。其“吉”，则困而反则也[6]。同人之先，以中直也[7]。大师相遇，言相克也[8]。“同人于郊”，志未得也。

【注释】

①天与火：乾为天，离为火。　与，此处作动词，相亲近。

②类族：分辨族群。　辨物：识别万物。

③咎：归咎，危险。

④安：怎能。

⑤义：意思。

⑥反：通“返”，回归。　则：正道，法则。

⑦中直：内心诚直。

⑧言：说，指。

【译文】

《象传》说：上乾下离，乾为天，离为火，就是《同人》卦。君子据此分辨族群，识别万物，存异求同。“出门同人”，谁能施加危险呢？“同人于宗”，是艰险之道。“伏戎于莽”，是因为敌人太强大。“三岁不兴”，怎能贸然前行？“乘其墉”，表示不能为敌所克。之所以有如此吉利的情况，是因为知困而后返回到正道上。一开始就和同于人，是因为内心真诚忠直。待大军相遇，九五战胜九三、九四之强后，才能与六二言语相合。“同人于郊”，说明还没有达到“同人于野”的志向。

扩展阅读

九年，武王上祭于毕[1]。东观兵[2]，至于盟津[3]。为文王木主[4]，载以车，中军[5]。武王自称太子发，言奉文王以伐，不敢自专。乃告司马、司徒、司空诸节[⑥]："齐栗[⑦]，信哉[⑧]！予无知，以先祖有德臣，小子受先功[⑨]，毕立赏罚[⑩]，以定其功。"遂兴师，师尚父号曰[⑪]："总尔众庶[⑫]，与尔舟楫，后至者斩。"武王渡河，中流[⑬]，白鱼跃入王舟中，武王俯取以祭。既渡，有火自上复于下，至于王屋，流为乌[⑭]，其色赤，其声魄云[⑮]。是时，诸侯不期而会盟津者八百诸侯。诸侯皆曰："纣可伐矣。"武王曰："女未知天命[⑯]，未可也。"乃还师归。

（《史记·周本纪》）

【注释】

①毕：文王的墓地名。

②观兵：检阅军队。

③盟津：孟津，古黄河渡口名，在今河南省孟津县东北。

④木主：神主，用木做成的牌位。

⑤中军：置于军中。

⑥诸节：接受王命的各级官吏。

⑦齐（zhāi）栗："齐"通"斋"，严肃恭敬。

⑧信：诚实，不欺。

⑨小子：自谦之辞。

⑩毕：尽，完全。

⑪师尚父：姜子牙。

⑫总：聚束，集中。

⑬中流：河的中央。

⑭流：不断变化。　乌：乌鸦。

⑮魄：形容鸟叫的声音。　云：语气词。

⑯女：通"汝"，你们。

【译文】

九年，周武王在毕地祭祀文王。然后往东方去检阅部队，到达盟津。制作了文王的牌位，用车载着，供在中军帐中。武王自称太子发，表示是奉文王之命前去讨伐，不敢擅自做主。于是，他向司马、司徒、司空等接受王命的各级官员宣告：“大家要严肃恭敬，诚实守信，我本是无知之人，依靠先祖留下的有德之臣，得以继承了先人的功业。现在已制定了各种赏罚制度，来巩固先祖的功业。”于是发兵。师尚父向全军发布命令说：“集合你们的部下和你们的船只，迟到者一律斩杀。”周武王乘船渡河，船走到河中央，有白鱼跳进他的船中，他俯身抓起用来祭天了。渡过黄河之后，有一团火从天而降，落到周武王住的房子上，转动不停，最后变成乌鸦的形状，赤红的颜色，啪啪作响。这时候，诸侯们没有事先约定而汇集到盟津的，共有八百位。诸侯们都说：“可以讨伐商纣王了！”周武王说：“你们不了解天命，现在还不行。”于是率领军队回去了。

点 评

同人就是团结众人，强调和同的重要性，即在分辨族群、识别万物的基础上求同存异。和同也具有层次性，求同的范围越大越好，“同人于野”“同人于郊”要比“同人于门”“同人于宗”吉利，因为前者范围大、人数多，所求的“同”是“大同”。“同人于门”还能在一国之内求得共同，所以没有什么灾祸；“同人于宗”一定是出于宗族的私利，这样做前途艰险。

周武王“盟津观兵”的事例很能让我们领略一下“同人于野”的声势：国内团结，齐心协力，同舟共济；国外和同，声威甚盛，“不期而会者八百诸侯”。面对众人一心的情形，周武王并没有莽撞行事，这种谨慎的做法必然使他获得吉祥和亨通。

十三 大有持盈

☲ 乾下离上

大有：元[①]亨。

初九：无交害，匪咎[②]。艰则无咎。

九二：大车以载，有攸往，无咎。

九三：公用亨于天子[③]，小人弗克。

九四：匪其彭[④]，无咎。

六五：厥孚交如[⑤]，威如，吉。

上九：自天佑之，吉，无不利。

【注释】

①元：大，善。

②交害：互相侵害。 匪：通“非”。

③亨：通“享”，宴会。

④匪：通“非”。 彭：充满、盛大的样子。

⑤厥：其，代词。 孚：诚信。

【译文】

《大有》卦：大吉亨通。

初九：不互相侵害，就没有灾祸。即使遇到艰难，也没有灾祸。

九二：大车满载物品，有所前行，也没有灾祸。

九三：公侯参加天子的宴会，小人不能参与。

九四：去掉自身的邪曲，也就没有灾祸。

六五：他诚信磊落，而又威严庄重，吉利。

上九：上天保佑，吉祥，无所不利。

《彖》曰：大有，柔得尊位大中[①]，而上下应之[②]，曰大有。其德刚健而文明[③]，应乎天而时行[④]，是以元亨。

【注释】

①柔得尊位：阴爻居于六五之位。大中：居于“五”位。

②上下应之：九二的阳爻与六五的阴爻相应。

③文明：《大有》卦上为离，离为火，有文彩且光明。

④时行：顺时而动。

【译文】

《彖传》说：大有，阴柔厚德获得尊位，居于大中，而且又与阳刚相应，这意味着大有收获。它具有刚健文明之德，又与上天的法则相应，因时而行，所以大吉亨通。

《象》曰：火在天上[①]，大有。君子以遏恶扬善，顺天休命[②]。大有初九，无交害也。“大车以载”，积中不败也[③]。“公用亨于天子”，小人害也。“匪其彭，无咎”，明辨晰也[④]。“厥孚交如”，信以发志也[⑤]。“威如之吉”，易而无备也[⑥]。大有上吉，自天佑也。

【注释】

①火在天上：《大有》卦上为离下为乾，离为火，乾为天。

②休：美好。

③积中：阳爻居中位，内心刚健。

④明：明智。辨：辨别。晰：明确。

⑤发：明，引发。

⑥易：改变，丢掉。

【译文】

《象传》说：离为火，乾为天，火在天上，就是《大有》卦。君子据此抑恶扬善，顺应上天美好的法则。《大有》卦初九，说的是无交往之祸害。“大车以载”，将物承载在正中，不会有弊败。“公用亨于天子”，说明诸侯分其积聚献于天子，而小人会因积聚而招致祸患。“匪其彭，无咎”，说明非常明智，明白是非。“厥孚交如”，是用诚信以明大志。“威如之吉”，说明失去威严就会无所防备。《大有》卦上九的吉祥，是上天降下的福佑。

扩展阅读

越王勾践即位三年而欲伐吴。范蠡进谏曰：“夫国家之事，有持盈[①]，有定倾[②]，有节事[③]。”王曰：“为三者，奈何？”对曰：“持盈者与天，定倾者与人，节事者与地。王不问，蠡不敢言。天道盈而不溢[④]，盛而不骄，劳而不矜其功[⑤]。夫圣人随时以行，是谓守时。天时不作，弗为人客[⑥]；人事不起[⑦]，弗为之始。今君王未盈而溢，未胜而骄，不劳而矜其功，天时不作而先为人客，人事不起而创为之始，此逆于天而不和于人。王若行之，将妨于国家[⑧]，靡王躬身[⑨]。”王弗听。

（《国语·越语》）

【注释】

①持：保持。　盈：已有的功业。

②定：稳定。　倾：危险。

③节：妥当，妥善。 事：国家政事。

④盈：充盈。 溢：过分。

⑤劳：辛劳。 矜：夸大。

⑥人客：主动攻打其他国家。

⑦人事：国内发生动乱，人祸。

⑧妨：危害。

⑨靡：损害。 躬身：自身。

【译文】

越王勾践继承王位后的第三年，就想去攻打吴国。范蠡进谏说："治理国家有三件要事：国家强盛时要设法保持下去，国家危险时要设法转危为安，平时处理国家政事要妥当。"越王问："要做到这三点该怎么办呢？"范蠡回答说："要保持国家强盛就应顺从天道，要使国家转危为安就应顺从人道，要想妥当处理国家政事就应顺从地道。大王不问我，我不敢说。天道充盈而不过分，气盛而不骄傲，辛劳而不自夸有功。圣人顺着天时行事，这叫守时。对方没有天灾，不要发动进攻；对方没有人祸，不要挑起事端。现在君王没有等到国家殷富，就要采取过分的举动；没有等到国势强盛，就骄傲起来；没有辛劳，就夸耀自己的功劳；对方没有天灾，就想发动进攻；对方没有人祸，就要挑起事端。这样会违背天意，而且失掉人和。君王如果这样做，必将危害国家，损害自身。"越王没有听从范蠡的话。

点 评

大有即是大有收获之意，代表着吉祥亨通，这时候天时、地利、人和都对自己有利。所以君子此时应该效法天道，抑恶扬善，积极行动，建立更大的功业。与建功立业相比，《大有》卦更强调如何保持吉祥亨通的形势，所谓"顺天休命""自天佑之"说的都是大好形势的长久保持。

俗话说，有难可以同当，但是有福却不一定同享。所以《大有》卦首先告诉我们在大好形势下不要相互侵害，要常常居安思危，这样即使遇到艰险阻碍，也会化险为夷。更为重要的是，在大有收获的情况下，我们不应该自矜自伐、骄傲自满，而应该明辨是非，保持清醒的头脑，并且心怀诚恳，这样才能从“无咎”走向吉利。这就像满载宝物的大车一样，只有稳步前行，才能无往不利。范蠡劝说勾践的话显然体现了《大有》卦的持盈精神，所谓“持盈”就是如何保持大有，如何“盈而不溢”。想要做到这一点，就应该顺应天道，“盛而不骄，劳而不矜其功”。因为勾践没有听从范蠡的话，盲目冒进，攻打强盛的吴国，结果吃了一场败仗，还因此差一点被灭国。

十四　谦卦谦德

☶☷ **艮下坤上**

谦：亨。君子有终①。

初六：谦谦君子②，用涉大川，吉。

六二：鸣谦③，贞吉。

九三：劳谦④，君子有终，吉。

六四：无不利，㧑谦⑤。

六五：不富以其邻⑥，利用侵伐，无不利。

上六：鸣谦，利用行师征邑国。

【注释】

①终：好的结果。

②谦谦：谦之又谦，非常谦虚。

③鸣：享有盛名。

④劳：功劳。

⑤㧑（huī）谦："㧑"与"挥"同，发挥谦虚的美德。

⑥以：与，联合。

【译文】

《谦》卦：亨通。君子以谦为德，将会有好的结果。

初六：谦而又谦的君子，即使要渡大江大河，也会吉祥。

六二：谦虚会享有盛名，持守贞正，吉祥。

九三：有功劳而保持谦让，君子会有好结果，吉祥。

六四：没有什么不利，只要诚挚地保持谦虚。

六五：不与邻国共富的国家利于去出征讨伐，无所不利。

上六：声名在外而愈加谦虚，有利于出师行军，讨伐属邑小国。

《彖》曰：谦，亨。天道下济而光明，地道卑而上行。天道亏盈而益谦[①]，地道变盈而流谦[②]，鬼神害盈而福谦[③]，人道恶盈而好谦。谦，尊而光，卑而不可逾[④]，君子之终也[⑤]。

【注释】

①亏：损。　益：补充。

②流：注入。

③害：损害。　福：保佑，降福。

④逾：凌越。

⑤终：自始至终。

【译文】

《彖传》说：《谦》卦，亨通。天道下降普济万物而送来光明，地道谦卑而阴柔上升。天道损盈满而补谦虚，地道变盈满而流注谦虚，鬼神损害盈满而保佑谦虚，人道讨厌盈满而喜好谦虚。具有谦虚之德的人，处于尊位会有荣光，处于低位而不可超越，所以君子能有好的结果。

《象》曰：地中有山[①]，谦。君子以裒多益寡[②]，称物平施[③]。“谦谦君子”，卑以自牧也[④]。“鸣谦，贞吉”，中心得也[⑤]。“劳谦君子”，万民服也。“无不利，㧑谦”，不违则也[6]。“利用侵伐”，征不服也。“鸣谦”，志未得也[7]。“可用行师”，征邑国也。

【注释】

①地中有山：《谦》卦艮下坤上，艮为山，坤为地。

②裒（póu）：减少。

③称：衡量，权衡。　平：公平。

④自牧：自养谦虚之德。

⑤中心得：二、五为中位，阴爻居之，六二又当位。

⑥则：法则。

⑦志：志向。

【译文】

《象传》说：艮下坤上，艮为山，坤为地，地中有山，就是谦卦。君子据此损盈满而补不足，权衡多少，施与公平。“谦谦君子”，说明处下位以养谦虚之德。“鸣谦，贞吉”，因为阴柔居中，谦虚得位。“劳谦君子”，万民都会归服。“无不利，㧑谦”，因为不违反天道的法则。“利用侵伐”，是征伐骄横悖逆者。“鸣谦”，说明志向还未实现。“可用行师”，是征伐骄横的诸侯国。

扩展阅读

靡笄之役[1]，郤献子见[2]，公曰[3]：“子之力也夫！”对曰：“克也以君命命三军之士[4]，三军之士用命，克也何力之有焉？”范文子见[5]，公曰：“子之力也夫！”对曰：“燮也受命于中军，以命上军之士，上军之士用命，燮也何力之有焉？”栾武子见[6]，公曰：“子之力也夫！”对曰：“书也受命于上军，以命下军之士，下军之士用命，书也何力之有焉？”

（《国语·晋语五》）

【注释】

①靡笄（mí jī）：山名，在今山东省济南市附近。

②郤献子：郤克，春秋中期晋国正卿，时任中军主帅。

③公：晋景公，名獳，公元前599年至前581年在位。

④君命：国君的命令。　命三军：指挥三军。

⑤范文子：范燮，时任上军主将。

⑥栾武子：栾书，时任下军主将。

【译文】

靡笄之战胜利后，郤献子进见晋景公，晋景公说："这次是你的功劳啊！"郤献子回答说："我以国君的命令指挥三军将士，三军将士服从命令勇敢战斗，我哪有什么功劳可言呢？"随后，范文子进见晋景公，晋景公说："这是你的功劳啊！"范文子回答说："我从中军主帅那里接受命令，用来指挥上军的将士，上军将士服从命令拼命杀敌，我哪有什么功劳可言呢？"最后，栾武子进见晋景公，晋景公说："这是你的功劳啊！"栾武子回答说："我从上军主将那里接受命令，用来指挥下军的将士，下军将士服从命令奋勇拼杀，我哪有什么功劳可言呢？"

点　评

艮为山，坤为地，大地包容高山，就是《谦》卦，它所推崇和弘扬的便是谦虚。谦虚符合天道、地道、人道，它们都"恶盈而好谦""损盈而补谦"，这就是我们经常所说的"满招损，谦受益"。"谦谦君子"就是以谦为德的人，他们内心纯正，谦虚为怀，有功而不骄，有名而不傲，所以保持谦虚终究是吉祥的。其实，谦虚本身就是一种力量，它处于高位而有荣光，处于下位而难以被超越。发自内心的谦虚一定具有柔远怀近的力量，它利于出师行军，利于征伐敌国，最终还会收获"万民皆服"。

晋国的三位将军率兵打了胜仗，他们当然都有功劳，但是他们没有一个人认为自己有功，而是把这种功劳归结为国君、上级和战友，他们的做法显然就是一种谦虚。同时，这种谦虚也给予了他们无限的荣光和力量，正是国君的信任化身为现实的权力和凝聚力，才使他们取得了胜利。“功高而弗居”，因为不居，是以不去。

十五 豫卦顺动

䷏ 坤下震上

豫：利建侯行师。

初六，鸣豫[①]，凶。

六二：介于石[②]，不终日，贞吉。

六三：盱豫[③]，悔，迟有悔[④]。

九四：由豫[⑤]，大有得，勿疑。朋盍簪[⑥]。

六五：贞疾[⑦]，恒不死[⑧]。

上六：冥豫成[⑨]，有渝[⑩]。无咎。

【注释】

①鸣：有名声。

②介：坚硬。

③盱（xū）：张目，意为贪慕。

④迟：缓慢而不改变。

⑤由：听凭，放任。

⑥朋：朋贝，意为散装的钱。盍（hé）：合，意为变成、制作。簪：古时盘头发的一种头饰，意为坚固难丢。

⑦贞：占问。

⑧恒：长久。

⑨冥：昏暗，糊涂。

⑩渝：改变。

【译文】

《豫》卦：有利于封侯建国，出师征战。

初六：有名声，但忘乎所以，必然凶险。

六二：坚硬如玉石，没过一天就远离安逸，持守中正，吉利。

六三：贪于安乐，必然后悔；顽固不改，更使人后悔莫及。

九四：听任享乐，大有收获，不要疑虑。这就像散装的朋贝制成了一体的簪笄，收获更加牢固。

六五：占问疾病，会痊愈，而且长寿。

上六：安于享乐已成习性。有所改悔，也没有灾祸。

《彖》曰：豫，刚应而志行①，顺以动②，豫。豫顺以动，故天地如之，而况建侯行师乎？天地以顺动，故日月不过，而四时不忒③。圣人以顺动，则刑罚清而民服，豫之时义大矣哉！

【注释】

①刚应：初位的阴爻与四位的阳爻相应。
②顺以动：《豫》卦上震下坤，坤为顺，震为动。
③忒（tè）：差错。

【译文】

《彖传》说：《豫》卦，阴柔与阳刚相应，利于实现志向，坤为顺震为动，就是《豫》卦。《豫》卦顺从而行动，天地也是如此，更何况封侯建国、出师征战呢？天地顺应规律而运动，所以日月不过度，四季不错乱。圣人顺应原则而行动，就会刑罚清明而民众顺服，《豫》卦顺时而行的意义很大啊！

《象》曰：雷出地奋[①]，豫。先王以作乐崇德，殷荐之上帝[②]，以配祖考[③]。“初六鸣豫”，志穷凶也[④]。“不终日贞吉”，以中正也[⑤]。“盱豫不悔”，位不当也[⑥]。“由豫，大有得”，志大行也。“六五贞疾”，乘刚也[⑦]。“恒不死”，中未亡也[⑧]。“冥豫”在上，何可长也？

【注释】

①雷：震为雷。 地：坤为地。 奋：动。

②殷荐：盛大的典礼。

③配：敬献。 祖考：祖宗。

④穷：尽头，极端，意为没有、丢掉。

⑤中正：阴爻在二位，二为阴，当位，又居中。

⑥位不当：阴爻在三位，三为阳，不当位。

⑦乘刚：阴爻在阳爻之上。

⑧中：阴爻居中位。

【译文】

《象传》说：震为雷，坤为地，雷出地动，就是豫卦。先王据此制作音乐，歌颂功德，举行典礼祭祀上天，敬献祖宗。“初六鸣豫”，说明没有了志向，必然凶险。“不终日，贞吉”，是因为居中持正。“盱豫不悔”，是因为居位不当。“由豫，大有得”，说明志向可以推行。“六五贞疾”，说明阴爻处于阳刚之上。“恒不死”，说明居于中位不可能败亡。“冥豫”高居上位，怎么能保持长久呢？

扩展阅读

中古之时，有至人者，淳德全道，和于阴阳，调于四时，去世离俗，积精全神，游行天地之间，视听八达之外。此盖益其寿命而强者也，亦归于真人。

其次有圣人者，处天地之和，从八风之理，适嗜欲于世俗之间，无恚嗔之心①，行不欲离于世，被服章，举不欲观于俗，外不劳形于事，内无思想之患，以恬愉为务，以自得为功，形体不敝②，精神不散，亦可以百数。

其次有贤人者，法则天地③，象似日月，辨列星辰，逆从阴阳④，分别四时，将从上古，合同于道，亦可使益寿而有极时⑤。

（《黄帝内经·素问》）

【注释】

①恚嗔（huì chēn）：愤怒，怨恨。

②敝：疲惫。

③法则：效法。

④逆从：适应。

⑤极时：终极，终端。

【译文】

中古的时候，有至人存在，他们具有醇厚的道德，能够和调阴阳，顺应四时，避开世俗，积蓄精气，聚精会神，在广阔的天地之间行驰，所见所闻达于八方之外。而这正是他们延长寿命而使身体强健的方法，这种人属于真人一类。

其次有圣人出现，他们安处于天地之间，顺从八风的运行，爱好与世俗相应，没有恼怒之心，行为不离世俗准则，身穿普通衣服，举动不炫耀于世。在外，不使身体劳累；在内，没有任何思想负担，以安静愉悦为目的，以悠然自得为目标。他们的身体不疲惫，精气不耗散，寿命可以达到一百年。

其次有贤人在世，他们效法天地，取象日月，明辨星辰，适应阴阳的消长，顺从四时的变迁，追随上古，使生活符合养生之道。这样的人虽然有终极，但也能延长寿命。

点 评

《豫》卦下坤上震，坤为地，为顺；震为雷，为动，所以《豫》卦代表着“雷出地动”，天地相应而通，而这一派气象又是安乐和悦的象征。因此，《豫》卦所要告诉我们的有两点：一、顺时而动，与天地相应；二、安乐和悦之时，更要注重推行志向。其实这两点也就是一句话，即天地相应、时势安顺之时，要注意自己志向的实现。处于好的形势，如果自鸣得意，贪慕享受，轻则有悔，重则凶险；相反，如果持守正道，坚硬如玉石，不是“大有得”，就是“贞吉”。

总的来说，“志大行”也是顺应天地之道的一种表现，所谓天地顺动，“日月不过，四时不忒”。人效法天地之道，行事也会无过度、没差错，所谓的“至人”、“圣人”、“贤人”，他们虽有层次的区别，但无一例外地取法天地、效仿日月。行事讲究顺动，养生同样也讲顺动，爻辞中所谓“恒不死”就是顺动得以长寿的暗示。

十六　随卦随时

䷐ 震下兑上

随：元，亨，利，贞。无咎。

初九：官有渝[①]，贞吉。出门交有功[②]。

六二：系小子[③]，失丈夫[④]。

六三：系丈夫，失小子，随有求，得。利居贞。

九四：随有获，贞凶。有孚在道[⑤]，以明，何咎？

九五：孚于嘉[⑥]，吉。

上六：拘系之，乃从维之，王用亨于西山[⑦]。

【注释】

①官：主从之“主”。

②交：交往。

③系：系属，跟随。　小子：小人。

④丈夫：君子大丈夫。

⑤孚：信守，诚信。

⑥嘉：善的，美的。

⑦王：周文王。亨，通“享”。用亨：杀牲用来祭祀。　西山：岐山。

【译文】

《随》卦：元始，亨通，成熟，贞固，没有灾祸。

初九：主有变，持有正道，吉利。出门交往，破除私心，则有功劳。

六二：跟随小人，就会远离君子大丈夫。

六三：跟随君子大丈夫，就会远离小人。跟随于人，有求必得，利于安居持守贞正。

九四：跟随于人，多有所获，要持守贞正，以防凶险。内心诚信，行事正道，光明磊落，又有什么灾祸？

九五：信守善的、美的，必然吉利。

上六：拘禁起来，又紧紧捆住，文王在岐山杀牲祭祀神灵。

《彖》曰：随，刚来而下柔①，动而说②，随。大亨，贞，无咎。而天下随时，随时之义大矣哉！

【注释】

①刚来：《随》卦内为震，震为阳，阳为刚。下柔：《随》卦外为兑，兑为阴，阴为柔。

②说：通“悦”，兑为悦。

【译文】

《彖传》说：《随》卦，阳刚居于阴柔之下，震为动，兑为悦，就是《随》卦。大亨通，坚贞，没有灾祸。天下顺从时宜，顺从时宜的意义非常伟大啊！

《象》曰：泽中有雷①，随。君子以向晦入宴息②。“官有渝”，从正吉也③。“出门交有功”，不失也。“系小子”，弗兼与也④。“系丈夫”，志舍下也⑤。“随有获”，其义凶也。“有孚在道”，明功也。“孚于嘉，吉”，位正中也⑥。“拘系之”，上穷也⑦。

【注释】

①泽中有雷：《随》卦上兑下震，兑为泽，震为雷。

②晦：晚上。　宴息：休息。

③从正：九居初位，初为阳，当位。

④弗：不能。　兼与：兼得。

⑤舍：舍弃。　下：小人。

⑥位正中：五为阳位、中位，阳爻居中得位。

⑦穷：尽头，困境。

【译文】

《象传》说：震下兑上，震为雷，兑为泽，泽中有雷，就是《随》卦。君子据此随从时宜，到了晚上就休息。“官有渝”，说明顺从正道吉祥。“出门交有功”，是因为没有失去正道。“系小子”，说明不可兼得。“系丈夫”，说明舍弃了小人。“随有获”，因为不当位，所以暗含凶险。“有孚在道”，说明光明磊落能取得功效。“孚于嘉，吉”，因为居中得正。“拘系之”，是因为随从至极，陷入了困境。

扩展阅读

齐侯侵我西鄙[①]，谓诸侯不能也。遂伐曹[②]，入其郛[③]，讨其来朝也。季文子曰[④]：“齐侯其不免乎。己则无礼，而讨于有礼者，曰：‘女何故行礼[⑤]！’礼以顺天，天之道也，己则反天，而又以讨人，难以免矣。《诗》曰：‘胡不相畏？不畏于天。’君子之不虐幼贱，畏于天也。在《周颂》曰：‘畏天之威，于时保之。’不畏于天，将何能保？以乱取国，奉礼以守，犹惧不终，多行无礼，弗能在矣！

（《左传·文公十五年》）

【注释】

①齐侯：齐懿公，名商人，杀死侄子后自立国君，此时是他即

位的第二年，两年后被车夫所杀。

②曹：曹国，在今山东定陶附近。

③郛（fú）：外城。

④季文子：季孙行父，春秋时期鲁国的正卿。

⑤女：通“汝”，你。

【译文】

齐侯侵犯鲁国的西部边境，他认为诸侯不能来救援。于是又攻打曹国，攻进了曹国的外城，讨伐曹国来鲁国朝见。季文子说：“齐侯恐怕不能免于灾祸吧？自己无礼，反而讨伐有礼的国家，说‘你为什么要行礼？’礼仪是用来顺应上天的，礼就是天道，自己违反了天道，反而又来讨伐别人，这就难免有灾祸了。《诗经》说：‘为什么不相互畏敬？因为不畏敬上天。’君子不虐待幼小和地位低的人，这也是畏惧天道呀。《周颂》里说：‘畏敬上天的威严，才能时时保有福禄。’不敬畏上天，怎么能保住福禄呢？用动乱取得国家，奉行礼仪来守护，还害怕不得善终，多做不合于礼的事情，这就更不能善终了！”

点 评

《随》卦上兑下震，震为雷，为动；兑为泽，为悦，所谓“动而悦”就意味着处于形势安定的大好时期。在这一阶段，我们应该效法天道，顺从时宜，白天“出门交”，晚上“入宴息”，都会有功而吉祥。顺从时宜的重要表现就是持守正道，追随君子，这样即使遇到凶险，也会因为诚信在心、光明磊落而化险为夷。所谓“孚于嘉”吉祥，就是追随善良、美德所获得的奖赏。相反，如果丢弃正道，追随邪恶，必然“拘系之”“从维之”，进而杀头以祭神灵，受到应有的惩罚。

齐懿公显然就不懂顺时守礼的重要性，他夺位自立，不但不持守正道，反而更加恣意妄行，追随邪恶，虐待幼弱，攻打顺天守礼之国，这些无疑都是违天反礼的做法。多行不义必自毙，事实证明，正如季文子所言，齐懿公不久就被车夫杀死了，这也再次印证了《随》卦的道理：反天而行，必然凶险。

十七 蛊卦承德

䷑ 巽下艮上

蛊①：元，亨。利涉大川，先甲三日②，后甲三日③。

初六，干父之蛊④，有子，考无咎⑤。厉，终吉。

九二：干母之蛊，不可⑥，贞。

九三：干父之蛊，小有悔，无大咎。

六四：裕父之蛊⑦，往见吝。

六五：干父之蛊，用誉⑧。

上九：不事王侯，高尚其事⑨。

【注释】

①蛊（gǔ）：事，事业。

②先甲三日：古人用十天干记录一旬的十天，十天干依次是甲、乙、丙、丁、戊、己、庚、辛、壬、癸，“甲”为天下之首，“先甲三日”即辛日。

③后甲三日：即丁日。

④干：做，继承。

⑤考：父亲。

⑥不可：时机未到，阳爻虽居中位，但不当位。

⑦裕：宽容、宽缓。

⑧用：得到。
⑨高尚：淡泊清高。

【译文】

《蛊》卦：大吉，亨通。从甲日前三天的辛日到甲日后三天的丁日出发，有利于渡过大江大河。

初六：能继承父亲的事业，有这样的儿子，父亲没有灾祸。虽有危险，虽有艰险，终究还会吉祥。

九二：继承母亲的事业，时机未到，守正以待。

九三：继承父亲的事业，虽有小的过错，但不会有大的灾祸。

六四：发扬光大父亲的事业，实行起来会有困难。

六五：继承父亲的事业，必有赞誉。

上九：不服务于国君公侯，超脱世俗，以淡泊清高为事。

《彖》曰：蛊，刚上而柔下①，巽而止②，蛊。蛊，元亨而天下治也。“利涉大川”，往有事也。“先甲三日，后甲三日”，终则有始③，天行也。

【注释】
①刚上：艮为山，为阳刚。　柔下：巽为风，为阴柔。
②巽：风。　止：艮为山，山止风。
③终则有始：从辛日到丁日共七日，天道运行为七。

【译文】

《彖传》说：《蛊》卦，阳刚在上，阴柔在下，风遇山而止，就是《蛊》卦。《蛊》卦，吉利、亨通而天下大治。“利涉大川”，说明前去做事情。“先甲三日，后甲三日”，说明有终有始，符合天道的运行。

《象》曰：山下有风[①]，蛊。君子以振民育德。“干父之蛊”，意承考也。“干母之蛊”，得中道也[②]。“干父之蛊”，终无咎也。“裕父之蛊”，往未得也。“干父，用誉”，承以德也。“不事王侯”，志可则也[③]。

【注释】

①山下有风：《蛊》卦上艮下巽，艮为山，巽为风。

②得中：阳爻居于中位。

③则：效法，取法。

【译文】

《象传》说：艮上巽下，艮为山，巽为风，山下有风，就是《蛊》卦。君子据此振济民众，培育美德。“干父之蛊”，说明承继父亲的事业。“干母之蛊”，说明符合中正之道。“干父之蛊”，说明终究不会有灾祸。“裕父之蛊”，说明前行了还没有成功。“干父，用誉”，是因为继承了父亲的美德。“不事王侯”，高洁的志向值得效法。

扩展阅读

魏惠王死[①]，葬有日矣。天大雨雪[②]，至于牛目，坏城郭，且为栈道而葬[③]。群臣多谏太子者，曰：“雪甚如此而丧行，民必甚病之。官费又恐不给[④]，请弛期更日。”太子曰：“为人子，而以民劳与官费用之故，而不行先王之丧，不义也。子勿复言。”

群臣皆不敢言，而以告犀首。犀首曰：“吾未有以言之也，是其唯惠公乎[⑤]！请告惠公。”惠公曰：“诺。”驾而见太子曰：“葬有日矣。”太子曰：“然。”惠公曰：“昔王季历葬于楚山之尾[⑥]，栾水啮其墓[⑦]，见棺之前和[⑧]。文王曰：‘嘻！先君必欲一见群臣百姓也夫，故使栾水见之。’于是出而为之张于朝[⑨]，百姓皆见之，三日而后更葬。此文王之义也。今葬有日矣，而雪甚，及牛目，难以行，太子为及日之故，得毋嫌于欲亟葬乎[10]？愿太子更日。先王必欲少留而扶社稷、安黔首也[11]，故使雪甚。因弛期而更为日，此文王之义也。若此而弗为，意者羞法文王乎？”太子曰：“甚善。敬弛期，更择日。”

（《战国策·魏二》）

【注释】

①魏惠王：魏莹（yíng），在位50年，公元前319年去世。

②雨（yù）：下。

③栈（zhàn）道：用木材架起的道路。

④不给（jǐ）：不足。

⑤惠公：惠施，战国时名家的代表人物，善辩，曾任梁国相。

⑥季历：周文王的父亲。　楚山：终南山，在今西安市东。

⑦栾（luán）水：漏水。　啮：侵蚀。

⑧和：棺材两头的木板。

⑨张于朝：设帐朝拜。

⑩得毋：是不是。

⑪黔（qián）首：老百姓。

【译文】

魏惠王去世了，下葬的日子已定。但是当天却下起了大雪，积雪深至要埋没牛眼，也压坏了城墙，太子准备架起栈道去下葬。大臣中有许多去劝谏太子的，他们说：“雪下得这么大还要送殡，老百姓都在叫苦连天。国家开支恐怕也不够，请暂缓时间，改日下葬。”太子说：“作为儿子竟因为人民辛苦和国家开支不够，就不按期举行先王的丧礼，这是不义的。你们不要再说了。”

大臣们都不敢再劝说，就把这件事情告诉了犀首。犀首说：“我也没法劝说，这事只有惠公能办到，让我去告诉惠公。”惠公说：“好。”就驾着车去见太子，说：“下葬的日期定下来了吗？”太子说：“定下来了。”惠公说：

“从前周王季历埋葬在楚山脚下，渗漏出来的水侵蚀了他的坟墓，露出了棺材前面的横木。周文王说：‘啊，先君一定是想再看一看各位大臣和百姓吧，所以才让渗水把棺木露出来。’于是就把棺材挖出来，给它搭起灵棚，百姓都来朝见，三天以后才另行安葬。这是文王的义举啊。现在下葬的日子虽然已定，可是雪下得这么大，几乎埋没牛眼，牛车难以前行，太子为了能按期下葬就不顾困难，是不是有急于安葬的嫌疑呢？希望太子改个日期吧。先王一定是想稍微停留一下来安抚国家，安顿人民，所以才让雪下得这么大。据此推迟下葬而另择吉日，这正是文王的大义呀。像这样的情况还不改日下葬，大概是以效法文王为耻吧？”太子说：“你说得很对，敬请延期，另择吉日。”

点 评

蛊通“事”，《蛊》卦所讲的就是如何承继父母之德。在传统社会，父亲往往是一个家庭的代表，继承父亲的事业，也就是继承了家庭，乃至家族的事业。这也是卦辞一再强调“干父之蛊”的意义所在。作为后辈，父母之德无疑是自己进一步前行的基础，能否继承前辈的事业直接关系到家庭的走向和自己的前途。因此，《蛊》卦告诉我们，继承父辈的事业，虽然有时不那么一帆风顺，甚至遇到艰难险阻，但是只要坚持不懈，终究会吉祥如意，好评如潮。

弘扬父辈的事业，一定要坚守正义。真正的孝子，往往更注重弘扬光大父辈的德行。这一点就像惠施所告诉我们的故事一样：作为孝子的周文王，在埋葬父亲时，仍不忘宣扬父亲的德行，这是继承父辈事业的最高境界，因为弘扬先辈，也就是巩固自己。魏国太子之所以听从惠施的劝谏，显然也是明白了这一道理。

十八 临卦保民

䷒ **兑下坤上**

临[①]：元，亨，利，贞。至于八月[②]，有凶。

初九：咸临[③]，贞吉。

九二：咸临，吉，无不利。

六三：甘临[④]，无攸利。既忧之，无咎。

六四：至临[⑤]，无咎。

六五：知临[⑥]，大君之宜。吉。

上六：敦临[⑦]，吉，无咎。

【注释】

①临：临治，治理。

②八月：仲秋之月，杀气渐盛，阳气日衰。

③咸：通“感”，感化，意为感化措施。

④甘：美味，引申为美言。

⑤至临：亲自治理。

⑥知：通“智”，智慧。

⑦敦：敦厚，诚实。

【译文】

《临》卦：大吉，亨通，成熟，贞固。到了八月，有凶险。

初九：用感化措施治理民众，持守贞正，吉利。

九二：以感化措施治理民众，吉利，没有什么不利。

六三：用甜美之巧言治理民众，没有什么好处。如果能忧惧改正，就没有灾祸。

六四：亲自处理政事，没有灾祸。

六五：运用智慧治理民众，是大人君子的责任。吉利。

上六：以敦厚诚实治理民众，吉利，没有灾祸。

《彖》曰：临，刚浸而长[①]，说而顺[②]，刚中而应[③]。大亨以正，天之道也。“至于八月有凶”，消不久也[④]。

【注释】

①刚浸：初位是阳爻，二位也是阳爻，所以说阳刚渐渐成长。

②说：通“悦”，兑为悦，和悦。　顺：坤为顺。

③刚中：阳爻居于中位。　应：九二阳爻与六五阴爻相应。

④消：三位以上都是阴爻，阳刚之气渐消。

【译文】

《彖传》说：《临》卦，初九阳刚渐渐成长，和悦而顺从，阳刚居中又与阴柔相应。大吉亨通，又持守正道，符合天的法则。“至于八月有凶”，说明阳刚渐消不能长久。

《象》曰：泽上有地[①]，临。君子以教思无穷，容保民无疆。“咸临，贞吉”，志行正也[②]。“咸临，吉，无不利”，未顺命也[③]。“甘临”，位不当也。“既忧之”，咎不长也。“至临无咎”，位当也[④]。“大君之宜”，行中之谓也[⑤]。“敦临之吉”，志在内也。

【注释】

①泽上有地：《临》卦下兑上坤，兑为泽，坤为地。

②正：初为阳，阳爻居之，当位。

③未顺命：指民众未顺君命，仍须感化。

④位当：阴爻居四位，当位。

⑤行中：阴爻居于中位。

【译文】

《象传》说：兑为泽，坤为地，泽上有地，就是《临》卦。君子据此不断地教化思考，保护宽容天下的民众。“咸临，贞吉”，是因为志向的施行符合正道。“咸临，吉，无不利”，说明民众还未顺从君命。“甘临”，说明居位不当。“既忧之”，说明灾祸不会长久。“至临无咎”，说明居位正当。“大君之宜”，说明行事应奉行中道。“敦临之吉”，说明内心拥有志向。

扩展阅读

古之君民者，仁义以治之，爱利以安之，忠信以导之，务除其灾，思致其福。故民之于上也，若玺之于涂也[①]，抑之以方则方[②]，抑之以圜则圜[③]；若五种之于地也，必应其类[④]，而蕃息于百倍。此五帝三王之所以无敌也。身已终矣，而后世化之如神，其人事审也。

（《吕氏春秋·离俗览·适威》）

【注释】

①玺：印。　涂：印泥。

②抑：按压。

③圜：通“圆”。

④应：符合。

【译文】

古代统治百姓的人，用仁和义治理百姓，用爱和利安定百姓，用忠和信引导百姓，致力于为民除害，想着为民造福。所以百姓对于君主来说，就像把玺印打在印泥上一样，用方形的按压就成了方形的，用圆形的按压就成为圆形的；就像把五谷种在土地上一样，收获的果实必定与种子同类，而且收获的数量成百倍地增长。这就是五帝三王之所以无敌于天下的原因。他们自己虽然去世了，可是后世把他们视若神灵，这是因为他们对人世间的各种事情都经过了认真的审察。

点 评

“临”的意思就是从高处往下看，引申为治理、处理，所以，《临》卦所告诉我们的是治理国家、处理政务的方法和道理，所谓“教思无穷”“保民无疆”指的就是运用这些方法和道理，能够把国家治理得安定繁荣、强大富有。

治理国家、处理政事，首先应该强调效法天道，持守公平正义，这样才能和顺而悦，大吉亨通。否则，前途必有凶险。在此基础上，注意运用柔和政策，感化天下，特别是民众“未顺王命”之时，更应该“咸临”，这样才能无往而不利。处理政务，有时需要躬亲，但更需要“知临”，即运用智慧处理政务，这是位高权重者的责任，也是他们的义务，照此行事，必然吉祥，所以卦辞说“大君之宜，吉”。《吕氏春秋》所言的“君民者”即治理天下的人，他们之所以“无敌”，原因就在于持守公正，以民为心。

十九　观卦省方

䷓ 坤下巽上

观：盥而不荐[①]。有孚颙若[②]。

初六：童观[③]，小人无咎[④]，君子吝[⑤]。

六二：窥观[⑥]，利女贞。

六三：观我生[⑦]，进退。

六四：观国之光[⑧]，利用宾于王[⑨]。

九五：观我生，君子无咎。

上九：观其生[⑩]，君子无咎。

【注释】

①盥（guàn）：用酒洒地祭神。　荐：献，献牲。

②孚：诚信。　颙（yóng）若：恭敬的样子。

③童：孩童，意为见识短浅。

④小人：地位低的人。

⑤君子：地位高的人。

⑥窥：从门缝里看。

⑦我生：自己的处境。

⑧光：前途光明。

⑨宾：做宾客，意为入朝辅政。

⑩其：他人。

【译文】

《观》卦：在祭酒而没有献牲之时，应该心怀诚信，表情庄重地仰望上天。

初六：像孩童一样识见浅薄，对处于下位的人来说没有什么，但对处于高位的君子就有危险了。

六二：从内向外窥视，利于女子持正守固。

六三：反观自己的处境，由此决定进和退。

六四：看到国家光明的前景，应该入朝觐见，辅佐君王。

九五：反思自己的行事，君子就不会出现灾祸。

上九：体察他人的行事，君子就不会出现灾祸。

《彖》曰：大观在上①，顺而巽②，中正以观天下③，观。“盥而不荐，有孚颙若”，下观而化也。观天之神道④，而四时不忒⑤，圣人以神道设教，而天下服矣。

【注释】

①大观：《观》卦的两个阳爻居五、上两位，有君临天下之意。

②顺：《观》卦下坤，坤为顺。　巽：《观》卦上巽。

③中正：二、五为中位，阴爻、阳爻分别居之，得中又当位。

④神道：神妙的运行规律。

⑤忒（tè）：差错。

【译文】

《彖传》说：两个阳爻在上，和顺而谦逊，君王持守中正以巡观天下，这就是《观》卦。“盥而不荐，有孚颙若”，这是要处下观上、领略教化之意。观察天道的神妙运行规律，就会知道四季运行没有差错的原因。圣人效法神妙的天道来教化民众，天下人无不诚服。

《象》曰：风行地上[①]，观。先王以省方观民设教[②]。“初六童观”，“小人”道也。“窥观女贞”，亦可丑也[③]。“观我生进退”，未失道也。“观国之光”，尚宾也[④]。“观我生”，观民也。“观其生”，志未平也[⑤]。

【注释】

①风行地上：《观》卦上巽下坤，巽为风，坤为地。

②省方：巡视天下方国。

③丑：偷看不光彩。

④尚：通“上”，贤能的宾客。

⑤平：安定。

【译文】

《象传》说：巽上坤下，巽为风，坤为地，风行地上，就是《观》卦。先王据此巡视天下，体察民情，施行教化。“初六童观”，说明见识浅薄。“窥观女贞”，这是对于女子而言，守正则有利，对于男子而言，却是不光彩的行为。“观我生进退”，说明没有失去正道。“观国之光”，说明国家欢迎贤能的宾客。“观我生”，说明应该通过体察民情，来反观自己。“观其生”，说明内心难以平静。

扩展阅读

昔者齐景公问于晏子曰[①]：“吾欲观于转附、朝儛[②]，遵海而南[③]，放于琅邪[④]。吾何修而可以比于先王观也[⑤]？”

晏子对曰：“善哉问也！天子适诸侯曰巡狩。巡狩者，巡所守也。诸侯朝于天子曰述职。述职者，述所职也。无非事者[⑥]。春省耕而补不足，秋省敛而助不给。夏谚曰：‘吾王不游，吾何以休？吾王不豫[⑦]，吾何以助？一游一豫，为诸侯度。’今也不然：

师行而粮食，饥者弗食，劳者弗息。睊睊胥谗[8]，民乃作慝[9]。方命虐民[10]，饮食若流。‘流连荒亡’，为诸侯忧。从流下而忘反谓之‘流’，从流上而忘反谓之‘连’，从兽无厌谓之‘荒’，乐酒无厌谓之‘亡’。先王无‘流连’之乐，‘荒亡’之行。惟君所行也。”

景公说，大戒于国[11]，出舍于郊。于是始兴发补不足。

（《孟子·梁惠王下》）

【注释】

①齐景公：春秋时齐国国君，公元前547年—前490年在位。晏子：齐国贤臣晏婴。

②转附、朝儛（wǔ）：山名，在今山东境内。

③遵：顺着。

④琅邪（yá）：山名，在今山东省诸城市东南海滨。

⑤比：媲美。 观：巡游。

⑥事：职事。

⑦豫：同“游”，巡视。
⑧睊睊（juàn）：因愤怒而侧目相看的样子。　胥：皆，都。
谗：毁谤，说坏话。
⑨慝（tè）：恶。
⑩方命：违反天命。
⑪大戒：大备，充分的准备。

【译文】

从前齐景公问晏子说：“我想游览转附、朝儛两座山，然后沿着海边向南行，一直到达琅邪。我怎样做才能和古代圣君贤王的巡游相媲美呢？”

晏子回答说：“问得好呀！天子到诸侯国家去叫做巡狩。巡狩就是巡视各诸侯所守的疆土。诸侯去朝见天子叫述职。述职就是报告在他职责内的工作。这些都与职责事务有关。春天里巡视耕种情况，补助粮食不足的人；秋天里巡视收获情况，周济歉收的人。夏朝的谚语说：‘我王不出来游历，我怎么能得到休息？我王不出来巡视，我怎么能得到赏赐？一巡游一视察，就成为诸侯的法度。’现在可不是这样了，国君一出游就兴师动众，到处筹粮运米，使得饥饿的人没饭吃，劳苦的人不得休息。大家侧目而视，怨声载道，老百姓便会作乱造反。这种出游违背天意，祸害百姓，吃喝浪费如同流水。真是‘流连荒亡’，成为了诸侯的忧患。什么叫‘流连荒亡’呢？从上游顺流玩到下游，乐而忘返，这叫‘流’；从下游逆水玩到上游，乐而忘返，这叫‘连’；打猎不知厌倦，叫做‘荒’；喝酒不加节制，叫做‘亡’。古代圣王贤君既没有‘流连’的享乐，也没有‘荒亡’的行为。至于您选择哪一种呢，由您自己来决定吧。”

齐景公听了，非常高兴，先在都城内做好了充分的准备，然后驻扎在郊外。于是拿出钱粮，救济贫穷的百姓。

点 评

《卦》的卦象是坤下巽上，地上有风，厚德载物，而又随风和化，所以这在古人看来代表着天子要巡视四方，德化天下。所谓“先王以省方观民设教”“中正以观天下”提倡的就是效法天道、公正治民的理念。晏子所说的贤王圣君巡游四方，以职责政事为务，无疑就是“效法天道”“观民设教”的具体表现。

联系当今的社会生活，《观》卦的道理离我们也不远，因为它告诉我们在客观形势改变的情况下，如何应对自如、进退得当。“童观”“窥观”处于观察理念的低层次阶段，它目光短浅，眼界狭隘，不是倚门偷看，就是一孔观天，所以不利于取得事业的成功。而“观我”“观人”乃至“观国”才是观察理念的高层次阶段，即“大观在上”，它眼界开阔，思虑融通，借鉴广博。以“大观”行事，不但无咎，还会事业有成。

二十　噬嗑明罚

☲☳ 震下离上

噬嗑[①]：亨，利用狱。

初九：屦校灭趾[②]，无咎。

六二：噬肤灭鼻[③]，无咎。

六三：噬腊肉遇毒[④]，小吝，无咎。

九四：噬干胏[⑤]，得金矢[⑥]。利艰贞，吉。

六五：噬干肉得黄金[⑦]。贞厉，无咎。

上九：何校灭耳[⑧]，凶。

【注释】

①噬嗑（shì hé）：咀嚼，吃东西。

②屦（jù）：拖着，戴着。　校：木制的刑具。　灭：遮住。

③肤：皮肤上的肉。

④腊肉：捕猎后制成的干肉。

⑤干胏（zǐ）：带骨头的干肉。

⑥金矢：铜制的箭头。

⑦黄金：铜制的箭头。

⑧何：通“荷”，背负，戴着。

【译文】

《噬嗑》卦：亨通，利于施用刑罚。

初九：脚上戴着刑具，遮住了脚趾，没有灾祸。

六二：如同咬脆肉一样地割除犯人的鼻子，以使其不再犯大的罪行。

六三：吃干腊肉中了毒，出了小问题，但没有灾难。

九四：吃带骨头的干肉，发现肉中有铜箭头。利于艰难中持守贞正，吉利。

六五：吃干肉，发现铜箭头。持守贞正以防危险，没有灾祸。

上九：肩上戴着刑具，伤没了耳朵，凶险。

《彖》曰：颐中有物曰噬嗑①。噬嗑而亨，刚柔分②，动而明③，雷电合而章④。柔得中而上行⑤，虽不当位⑥，利用狱也。

【注释】

①颐：面颊，腮。

②刚柔分：《噬嗑》卦三个阴爻三个阳爻，阴阳数量相等。

③动而明：《噬嗑》卦下震上离，震为动，离为明。

④雷电：震为雷，离为电。　章：通“彰”，明显。

⑤柔得中：二、五为中位，阴爻居之。　上行：二、三、五都是阴爻，位数逐渐上升。

⑥不当位：三、五为阳位，阴爻居之；四、六为阴位，阳爻居之。

【译文】

《彖传》说：嘴里吃东西就是噬嗑。咀嚼食物一张一合，亨通。阳刚与阴柔均分，震动而火明，就像雷电交合一样，声音和光亮都很显著。阴柔居于中位，并且向上运动，虽然不当位，却利于施用刑罚。

《象》曰：雷电[①]，噬嗑。先王以明罚敕法[②]。“屦校灭趾”，不行也。“噬肤灭鼻”，乘刚也[③]。“遇毒”，位不当也[④]。“利艰贞，吉”，未光也。“贞厉，无咎”，得当也[⑤]。“何校灭耳”，聪不明也[⑥]。

【注释】

①雷电：《噬嗑》卦下震上离，震为雷，离为电。

②敕（chì）：通“饬”，整顿，整饬。

③乘刚：阴爻在阳爻之上。

④位不当：三为阳位，阴爻居之。

⑤得当：五为中位，阴爻居中。

⑥聪：耳朵，听力。

【译文】

《象传》说：下震上离，震为雷，离为电，就是《噬嗑》卦。先王据此严明刑罚，整饬法令。“屦校灭趾”，说明不能行走。“噬肤灭鼻”，阴爻居于阳爻之上。“遇毒”，阴爻居位不当。“利艰贞，吉”，说明明罚之令还没有发扬光大。“贞厉，无咎”，是因为阴爻居于中位。“何校灭耳”，说明上九积恶不改，如耳朵听不清楚的聋子，太不聪明了。

扩展阅读

晋邢侯与雍子争鄐田[①]，久而无成。士景伯如楚[②]，叔鱼摄理[③]，韩宣子命断旧狱[④]，罪在雍子。雍子纳其女于叔鱼[⑤]，叔鱼蔽罪邢侯。邢侯怒，杀叔鱼与雍子于朝。宣子问其罪于叔向[⑥]。叔向曰：“三人同罪，施生戮死可也[⑦]。雍子自知其罪而赂以买直[⑧]，鲋也鬻狱[⑨]，邢侯专杀，其罪一也。己恶而掠美为昏[⑩]，贪以败官为墨，杀人不忌为贼。《夏书》曰：‘昏、墨、贼，杀。’皋陶之刑也[⑪]。请从之。”

乃施邢侯，而尸雍子与叔鱼于市。

（《左传·昭公十四年》）

【注释】

①邢侯：楚申公巫臣之子，巫臣奔晋，晋与之邢，即今河北省邢台市。　雍子：楚大夫，奔晋，晋与之鄐（chù），其地约在今河北省邢台市附近。

②士景伯：晋国士弥牟，时任司法之官。　如楚：出使楚国。

③叔鱼：羊舌鲋，名鲋，字叔鱼。　摄：代理。

④韩宣子：韩厥之子韩起，晋国六卿之一，谥号“宣”，史称韩宣子。

⑤纳：嫁娶，此处指嫁。

⑥叔向：名肸（xī），字叔向，羊舌氏，春秋后期晋国贤臣。

⑦戮：陈尸示众。

⑧直：胜诉。

⑨鬻（yù）：卖。

⑩掠美：夺取好的名声。

⑪皋陶（gāo yáo）：传说是虞舜时的司法官。

【译文】

晋国的邢侯和雍子争夺鄐邑田地的边界，很长时间也没有调解成功。主管晋国司法审判的士景伯到楚国去了，叔鱼代理了他的职务。韩宣子命令叔鱼审理这件旧案，过错在于雍子。雍子把女儿嫁给了叔鱼，以行贿拉拢，叔鱼便判邢侯有罪。邢侯大怒，在朝廷上杀了叔鱼和雍子。韩宣子向叔向询问如何治他们的罪。叔向说：“三个人罪状相同，对活着的人执行死刑，死了的人陈尸示众，这就可以了。雍子自知有罪，却用女儿行贿换取胜诉，叔鱼出卖法律，邢侯擅自杀人，他们的罪责相同。自己有罪却又冒充好人就是昏，贪婪而败坏法纪就是墨，杀人而肆无忌惮就是贼。《夏书》说：‘昏、墨、贼，处死。’这是皋陶的刑法。请以此判决。”

于是就杀了邢侯，陈尸示众，并且把雍子、叔鱼的尸体也在市场上暴露示众。

点评

噬嗑就是口中含物而咀嚼，咀嚼在于一张一合，刚柔相动而分明，这就像雷鸣电闪一样声光俱著。古人据此领悟出治国之道在于赏罚分明，犯罪者要脚拖刑具肩戴木枷，而守法者却可以安享美餐一生无咎。对于治国者而言，《噬嗑》卦所昭示的意义更在于持守中道，执法公正，这样做虽然有时会遇到困难，但只要持之以恒，必然获得吉祥。所谓"先王以明罚敕法"指的就是古人对严明刑罚、整饬法令重要性的强调。

晋国的雍子、叔鱼、邢侯三人都有罪，他们的做法都触犯了法律，更有悖于公正，所以叔向说"三人同罪"，应该同罚，"施生戮死"。叔向的这一主张也得到了韩宣子的认同，他们二人的所言所行无疑是严明刑罚、公平判决的典型代表。

二十一 贲卦饰文

☶ 离下艮上

贲[①]：亨，小利有攸往[②]。

初九：贲其趾[③]，舍车而徒[④]。

六二：贲其须[⑤]。

九三：贲如濡如[⑥]，永贞吉。

六四：贲如皤如[⑦]，白马翰如[⑧]。匪寇[⑨]，婚媾[⑩]。

六五：贲于丘园[⑪]，束帛戋戋[⑫]，吝，终吉。

上九：白贲[⑬]，无咎。

【注释】

①贲（bì）：装饰，文饰，修饰。

②小利：有三指：一是指六五，六五为阴，阴为小；二是指下卦离，为光，上卦为艮，为止，光有所止，所以“小”；三是指互卦下为坎，坎为险，上为艮，为止，下陷而上止，所以称“小利”。

③趾：脚趾，意为双脚。

④徒：徒步行走。

⑤须：胡须。

⑥濡：润泽，光泽。

⑦皤（pó）：白色，洁白。

⑧翰如：飞驰的样子。
⑨匪：通“非”。 寇：抢劫。
⑩婚媾（gòu）：娶亲。
⑪丘园：嫁女的地方。
⑫戋戋（jiān）：彩礼堆积的样子。
⑬白：素净淡雅。

【译文】

《贲》卦：亨通，较有利于外出。

初九：把文饰好的鞋穿在脚上，不坐车子，徒步行走。

六二：把胡子修饰好。

九三：修饰得光泽柔润，长久地持守贞正，吉利。

六四：修饰得洁白如玉，骑着白马而来，不是抢劫，而是娶亲。

六五：把丘园收拾一新，摆上一束束彩礼。娶亲的过程会遇到刁难，但结果吉祥如意。

上九：修饰得素净淡雅，没有灾祸。

《彖》曰：“贲，亨”，柔来而文刚[①]，故亨。分[②]，刚上而文柔[③]，故“小利有攸往”。刚柔交错，天文也。文明以止[④]，人文也。观乎天文，以察时变；观乎人文，以化成天下。

【注释】

①柔来：《贲》卦下为离，离为柔。 刚：《贲》卦上为艮，艮为刚。
②分：《贲》卦三个阳爻三个阴爻，阴阳均分。
③刚上：艮为刚，处上卦。
④文明：文彩鲜明。 止：节制，约止。

【译文】

《彖传》说："贲，亨"，用阴柔来文饰阳刚，所以亨通。刚柔均分，阳刚在上而阴柔、文饰在下，所以"小利有攸往"。刚柔相互交错，形成了天然的文彩。文彩鲜明而有所约止，形成了人类的文彩。观察自然的文彩，可以了解四季的变化；观察人类的文彩，可以教化天下。

《象》曰：山下有火①，贲。君子以明庶政，无敢折狱②。"舍车而徒"，义弗乘也③。"贲其须"，与上兴也④。"永贞之吉"，终莫之陵也⑤。六四，当位疑也⑥。"匪寇婚媾"，终无尤也⑦。"六五之吉"，有喜也。"白贲无咎"，上得志也⑧。

【注释】

①山下有火：《贲》卦上艮下离，艮为山，离为火。

②折狱：判案，断案。

③义：按照礼义。

④上兴：三位为阳爻，阴阳相交，一同兴起。

⑤陵：通"凌"，凌辱。

⑥当位：阴爻居阴位。 疑：疑虑。

⑦尤：忧愁，忧虑。

⑧上：上位。 得志：施展志向。

【译文】

《象传》说：上艮下离，艮为山，离为火，山下有火就是《贲》卦。君子据此来修明政务，而不敢以文饰判案。"舍车而徒"，按照礼义没有乘车。"贲其须"，说明与上位的阳刚一同兴起。"永贞之吉"，说明终究不受人凌辱。六四阴爻虽然当位，但仍心存疑虑。"匪寇婚媾"，说明如释重负，没有忧虑。“六五之吉”，在于喜事临门。“白贲，无咎”，因居上位而得以施展志向。

扩展阅读

季孙之母死①，哀公吊焉②。曾子与子贡吊焉，阍人为君在③，弗内也④。曾子与子贡入于其厩而修容焉。子贡先入，阍人曰：“乡者已告矣⑤。”曾子后入，阍人辟之。涉内霤⑥，卿大夫皆辟位，公降一等而揖之⑦。君子言之曰：“尽饰之道，斯其行者远矣。”

（《礼记·檀弓》）

【注释】

①季孙：春秋时鲁国执政卿。

②哀公：鲁哀公，名将，公元前494—前468年在位。

③阍（hūn）人：守门人。

④内：通“纳”，进入。

⑤乡：通“向”，刚刚。

⑥内霤（liù）：寝门的屋檐下。

⑦降：下台阶。　一等：一个台阶。

【译文】

季孙的母亲去世了，鲁哀公前去吊丧。曾子和子贡也去吊丧，守门人因为鲁哀公在里面，不让他们进去。曾子和子贡就到马房里修整了一番仪容，子贡先进去，守门人说：“刚才已经通报过了。”曾子跟着进去，守门人就让开了。两人走到寝门的屋檐下，卿大夫连忙让位，鲁哀公也从东阶上下一个台阶，向他们作揖行礼。针对这件事，君子说：“看来尽心修整自己的仪表，可以行之长远呀。”

点 评

《贲》卦饰文，它所强调的就是人文素养的重要性，具有人文素养，就像做好装束、穿好鞋子，不用坐车也能远行一样。“贲其趾”都能有这样的效果，更何况“贲其须”修整一下仪表呢？仪表柔润光泽，而又持守正道，便永受吉祥。拥有恰当的仪表、行为做事就像迎亲一样，一定喜事连连；相反，如果仪表不当，行为做事粗暴野蛮，生活中也必然阻碍重重。俗话说“腹有诗书气自华”，外在的仪表更是内在的修养的体现，所以文质彬彬的背后往往潜藏着深厚的人文素养。所谓“人文以化天下”，强调的就是人文素养的价值和意义。

《贲》卦讲究饰文，但是又反对过度，所谓修明政事而“无敢折狱”指的就是不要文过饰非，不要华而不实，那样只是饰文的歧途。子贡、曾子之所以受到尊重，离不开恰当的仪表，更离不开内在的素养，所以孔子说：“文质彬彬，然后君子。”

二十二　大畜养贤

☶ 乾下艮上

大畜：利贞。不家食[①]，吉。利涉大川。

初九：有厉，利已[②]。

九二：舆说輹[③]。

九三：良马逐，利艰贞，曰闲舆卫[④]，利有攸往。

六四：童牛之牿[⑤]，元吉。

六五：豮豕之牙[⑥]，吉。

上九：何天之衢[⑦]，亨。

【注释】

①不家食：不在家里吃饭，意为走出家门。

②已：停止。

③说：通“脱”。　輹（fù）：车厢下部勾连底板与车轴的部件。

④闲：通“娴”，熟练，熟悉。　舆卫：车马防卫。

⑤童牛：公牛。　牿（gù）：绑缚在牛角上以防撞人的横木。

⑥豮（fén）豕：阉割的猪。

⑦何：通“荷”，承受。　衢（qú）：大道。

【译文】

《大畜》卦：利于贞正，走出家门，吉利。有利于渡过大江大河。

初九：有危险，利于暂时停止前进。

九二：车脱掉了车輹。

九三：良马相互追逐，利于艰难中持守贞正。每天练习车战防卫，有利于出门远行。

六四：将横木做成的框束缚于小牛的头上，大吉大利。

六五：阉割的猪牙齿不尖利，吉利。

上九：通天大路，亨通。

《彖》曰：大畜，刚健笃实①，辉光日新②。其德刚上而尚贤③，能止健④，大正也。"不家食，吉"，养贤也。"利涉大川"，应乎天也。

【注释】

①刚健：《大畜》卦下为乾，乾为刚健。　笃实：《大畜》卦上为艮，艮为山，山体厚实。

②辉光日新：乾为日，艮为山，日在山下，光芒四射。

③刚上：上位为阳爻。

④止健：刚健有所止。

【译文】

《彖传》说：《大畜》卦，刚健厚实，天光山色，日新月异。它德行刚健而推举贤能，能使阳刚止于应有的地位，这是具有正德的大道。"不家食，吉"，说明国家畜养了贤才。"利涉大川"，是因为顺应了天道。

《象》曰：天在山中①，大畜。君子以多识前言往行②，以畜其德。"有厉，利已"，不犯灾也③。"舆说輹"，中无尤也④。"利有攸往"，上合志也⑤。"六四元吉"，有喜也。"六五之吉"，有庆也。"何天之衢”，道大行也。

【注释】

①天在山中：《大畜》卦下为乾上为艮，乾为天，艮为山。

②前言往行：前代贤人的嘉言懿行。

③犯：招惹。

④中：二为中位，阳爻居之。

⑤上：上九。

【译文】

《象传》说：乾为天，艮为山，天在山中，就是《大畜》卦。君子据此多多学习前代贤人的嘉言懿行，以此修养累积自己的美德。“有厉，利已”，说明没有贸然去招惹祸患。“舆说輹”，说明居于中位没有忧虑。“利有攸往”，说明九三和上九志趣相同。“六四元吉”，说明有喜事。“六五之吉”，说明值得庆贺。“何天之衢”，说明大道畅通。

扩展阅读

景公游于纪[①]，得金壶，乃发视之[②]，中有丹书，曰：“食鱼无反[③]，勿乘驽马[④]。”公曰：“善哉！知若言，食鱼无反，则恶其鳈也[⑤]；勿乘驽马，恶其取道不远也。”晏子对曰：“不然。食鱼无反，毋尽民力乎！勿乘驽马，则无置不肖于侧乎！”公曰：“纪有书，何以亡也？”晏子对曰：“有以亡也。婴闻之，君子有道，悬之闾[⑥]。纪有此言，注之壶[⑦]，不亡何待乎！”

（《晏子春秋·内篇杂上》）

【注释】

①纪：国名，春秋时期亡国，此指纪地。

②发：打开。

③反：通“翻”。

④驽（nú）马：走不快的马。

⑤鳈（sāo）：鱼腥味。

⑥闾：闾里，平民聚居之处。

⑦注：放置。

【译文】

齐景公到纪地去游览，得到一个金壶。于是便打开来看，里面有红色的字，说："吃鱼不要翻，不要骑劣马。"齐景公说："好啊！我知道这话的意思。吃鱼不要翻，是说讨厌它的腥味；不要骑劣马，是说讨厌它走不了远路。"晏子回答说："不是这样。吃鱼不要翻，是说不要耗尽百姓的财力！不要骑劣马，是说不要把小人放在自己的身边。"齐景公说："纪国有这样的丹书，为什么会亡国呢？"晏子回答说："亡国是有原因的。我听说，君子有治国的策略，要高悬于闾里间。纪国有丹书，却装在壶里，不灭亡还等待什么呢？"

点 评

《大畜》卦上艮下乾，乾为刚，艮为实，这代表着刚健前行而又笃实有所止。对处于高位的君子来说，《大畜》卦的道理一方面在于养德，即"多识前言往行，以畜其德"；另一方面则在于用贤，即"不家食，利涉大川"。德行是前进的依据，持守正道，才能"利有攸往"；贤才是得力的助手，依靠贤能，便能"有喜""有庆"，乃至"元吉"。对于既不养德也不养贤的人来说，就像大车脱掉车輹一样难以前行，处处陷入困境。如果再加上小人在侧，庸才当道，那么前途必然充满危险，行为做事就等于招惹灾祸。这一点晏子的话为我们做了很好的诠释，如果不懂得养德、用贤，只一味地榨取民力、任用小人，那么最终的结果便是灭亡；相反，如果行事公正，任用贤能，前途必然畅通无阻，即"何天之衢，亨"。

二十三　颐卦自养

䷚ 震下艮上

颐：贞吉。观颐[①]，自求口实。

初九：舍尔灵龟[②]，观我朵颐，凶。

六二：颠颐[③]，拂经于丘[④]。颐征，凶。

六三：拂颐，贞凶，十年勿用，无攸利。

六四：颠颐，吉。虎视眈眈，其欲逐逐[⑤]，无咎。

六五：拂经，居贞吉，不可涉大川。

上九：由颐[⑥]，厉，吉。利涉大川。

【注释】

①观：观察，研究。

②灵龟：用于占卜的神龟，因为长寿，借指颐养长寿。

③颠：通“填”，自养。

④拂：违背。

⑤逐逐：紧追不舍的样子。

⑥由：顺着，遵循。

【译文】

《颐》卦：持守贞正吉利。考察颐养之道，自己动手，丰衣足食。

初九：舍弃自养之法，还来窥探我的饮食，凶险。

六二：要解决口食问题，却不自己经营。为了生计而去抢夺粮食，凶险。

六三：违背颐养之道，凶险。十年不能有所作为，没有什么好处。

六四：自己解决生计问题，吉利。如果像老虎盯住猎物紧追不放一样颐养，没有灾祸。

六五：不事经营，居家持守贞正吉利。不可横渡大江大河。

上九：遵循颐养之道，先艰难后吉利。有利于渡过大江大河。

《彖》曰："颐，贞吉"，养正则吉也。"观颐"，观其所养也。"自求口实"，观其自养也。天地养万物，圣人养贤以及万民[①]，颐之时大矣哉！

【注释】

①养贤：选贤任能。

【译文】

《彖传》说："颐，贞吉"，是因为颐养正气而获得吉利。"观颐"，是考察所奉养的情况。"自求口实"，是考察自我颐养的方法。天地生养万物，圣人通过选贤任能来养育万民。因时制宜的颐养，意义深远重大！

《象》曰：山下有雷[①]，颐。君子以慎言语，节饮食。"观我朵颐"，亦不足贵也。"六二征凶"，行失类也[②]。"十年勿用"，道大悖也。"颠颐之吉"，上施光也[③]。"居贞之吉"，顺以从上也[④]。"由颐，厉，吉"，大有庆也。

【注释】

①山下有雷：《颐》卦震下艮上，艮为山，震为雷。

②类：准则。

③上施光：六四与初九相应，光明布施于下。

④顺以从上：六五居于上九之下，柔和顺从。

【译文】

《象传》说：震下艮上，震为雷，艮为山，山下有雷，就是《颐》卦。君子据此言语谨慎，节制饮食。“观我朵颐”，说明不值得尊重。“六二征凶”，行为丧失了颐养的原则。“十年勿用”，说明行为违反了大道。“颠颐之吉”，因为居于上位者布施光明。“居贞之吉”，因为居于下位者柔和顺从。“由颐，厉，吉”，说明上九有福庆。

扩展阅读

凡心有所爱，不用深爱，心有所憎，不用深憎，并皆损性伤神。亦不可用深赞，亦不可用深毁，常须运心于物平等，如觉偏颇，寻改正之。居贫勿谓常贫，居富勿谓常富，居贫富之中，常须守道，勿以贫富易志改性。识达道理，似不能言。有大功德，勿自矜伐[①]。美药勿离手，善言勿离口，乱想勿经心，常以深心至诚，恭敬于物。慎勿诈善，以悦于人。终身为善，为人所嫌。勿得起恨，事君尽礼。人以为谄，当以道自平其心。道之所在，其德不孤[②]。勿言行善不得善报，以自怨仇。居处勿令心有不足，若有不足，则自抑之。勿令得起，人知止足[③]。天遗其禄[④]，所至之处，勿得多求，多求则心自疲而志苦。若夫人之所以多病，当由不能养性。

（《备急千金要方·道林养性》）

【注释】

①矜伐：骄傲。

②孤：孤单。

③止：停止。

④遗（wèi）：给。

【译文】

自己喜欢什么，不能成为难以自拔的癖好，自己讨厌什么，不能成为恨之入骨的仇恨，因为癖好、仇恨都会损伤性情精神。不可阿谀奉承别人，也不可恶语中伤别人，心态常常持守贞正，如果发现有所偏颇，赶快改正过来。生活贫苦不要认为一直贫苦，生活富贵不要认为一直富贵，在贫富之中，须常常持守正道，不要因为贫穷或富贵改变志向和性情。深识其中的道理，似乎难以言说。有了大功大德，不要居功自傲。好的草药不离手，好的言语不离口，坏的思想不要经心，要常常心怀至诚，恭敬地接人待物。警惕不要用奸诈的伪善，来取悦他人，一直伪善待人，会被别人嫌恶。不要心生怨恨，以礼侍奉君王。别人认为谄媚的事，自己心中应当以正道来衡量，正道所在之处，有道德的人就不会孤单。不要认为做了好事没有得到好报，自己心生怨恨。平常生活不要不知满足，如果真的不足，自己应降低要求。不应随意提高要求，知道停止之处才是真正的满足。上天所给的福禄，接受之后，不要贪婪求多，求多必然劳心伤志，人之所以生病，就是因为不能颐养性情。

点评

《颐》卦强调自养，它包括口食之养，更涵盖性情之养。对于口食之养，《颐》卦反复告诫我们要自力更生，“自求口实”，为此可以“拂经于丘”，开垦荒地，自食其力，这样坚持不懈，一定吉利亨通；反之，如果巧取豪夺，甚至发动战争抢夺口食，不但“无攸利”，反而会凶险无比。与口食自养相比，性情之养更为重要，因为性情往往决定一个人的行为，自力更生的内在依据便是浩然正气，这就是“养正则吉”的道理。自养的受益者不仅仅是他人，更是自己，因为自养在化育万物的同时，也在延续着自己的生命，这是真正的“大有庆也”。正如孙思邈所言，自养“当以道自平其心”，心足则生活无所不足，心多欲则生活处处不足，所以“居处勿令心有不足”。其实，知道停止才是真正的满足，才是真正的快乐，知足常乐，因为常乐所以延年益寿。反之，轻则多病，重则丧命，所以孙思邈说：“人之所以多病，当由不能养性。”

二十四　大过适度

☱☴ 巽下兑上

大过[1]：栋桡[2]，利有攸往，亨。

初六：藉用白茅[3]，无咎。

九二：枯杨生稊[4]，老夫得其女妻，无不利。

九三：栋桡，凶。

九四：栋隆[5]，吉。有它，吝。

九五：枯杨生华[6]，老妇得其士夫，无咎无誉。

上六：过涉灭顶[7]，凶。无咎。

【注释】

①大过：卦名，意为太过，过度。

②桡（náo）：弯曲。

③藉：垫着，铺垫。　白茅：柔软洁白的茅草。

④稊（tí）：新生的嫩芽。

⑤隆：高耸，挺直。

⑥华：通“花”，开花。

⑦灭：淹没。　顶：头顶。

【译文】

《大过》卦：屋梁被压弯了，利于出门远行，亨通。

初六：用白茅垫着祭品祭祀，没有灾祸。

九二：枯老的杨树生出嫩芽，老头子娶了位年轻的妻子。无所不利。

九三：屋梁被压弯了，凶险。

九四：屋梁高耸挺直，吉利。但有意外事故，会出现困难。

九五：枯老的杨树重新开了花，老妇人嫁给了一个年轻丈夫。没有灾祸也没有赞誉。

上六：渡河涉水，以至于淹没了头顶，处境凶险，但没有灾祸。

《彖》曰："大过"，大者过也。"栋桡"，本末弱也[①]。刚过而中[②]，巽而说[③]行。利有攸往，乃亨。"大过"之时，大矣哉！

【注释】

①本末弱：《大过》卦初六、上六都是阴爻，象征着柔弱。

②刚过：《大过》卦阳爻多，阴爻少。　中：阳爻居于二、五中位。

③巽：谦逊。　说：通"悦"，和悦。

【译文】

《彖传》说：《大过》卦，阳爻过多，打破平衡。"栋桡"，说明从本到末都很柔弱。阳刚过盛而居于中位，谦逊而又和悦，远行，"利有攸往"，必然亨通。"大过"恰到好处，意义重大！

《象》曰：泽灭木[①]，大过。君子以独立不惧，遁世无闷[②]。"藉用白茅"，柔在下也[③]。"老夫女妻"，过以相与也[④]。"栋桡"之"凶"，不可以有辅也[⑤]。"栋隆之吉"，不桡乎下也。"枯杨生华"，何可久也。“老妇士夫”，亦可丑也。“过涉之凶”，不可咎也[⑥]。

【注释】

①泽灭木：《大过》卦上兑下巽，兑为泽，巽为木。 灭：淹没。

②遁（dùn）世：隐居避世。

③柔在下：初位为阴爻，处下。

④过：阳刚太盛。 相与：亲近，联姻。

⑤辅：帮助。

⑥咎：责备，责难。

【译文】

《象传》说：上兑下巽，兑为泽，巽为木，大泽淹没树木，就是《大过》卦。君子据此保持独立，不畏惧害怕，避世隐居而不苦闷。“藉用白茅”，说明阴柔在下。“老夫女妻”，说明阳刚过盛能与阴柔比亲。“栋桡”之“凶”，说明找不到补救的办法。“栋隆之吉”，说明屋梁没有向下弯曲。“枯杨生华”，哪里能够长久呢？“老妇士夫”，是不光彩的事情。“过涉之凶”，不应当过于责难。

扩展阅读

明主度量人力之所能为[①]，而后使焉。故令于人之所能为，则令行；使于人之所能为，则事成。乱主不量人力[②]，令于人之所不能为，故其令废；使于人之所不能为，故其事败。夫令出而废，举事而败，此强不能之罪也[③]，故曰“毋强不能”。

（《管子·形势解》）

【注释】

①明主：英明的君主。

②乱主：昏乱的君主。

③强：强制，强加。

【译文】

明君用人总是衡量着每个人的力所能及，然后才加以使用。所以，命令人们做力所能及的事情，命令就能推行；使人们做力所能及的事情，事情就能成功。昏君不衡量人的能力，命令人们做力所不及的事情，所以命令不能推行；使人们做力所不及的事情，所以事业失败。令出而不行，举事而失败，这都是强加于“力所不及”的过错。所以说“毋强不能”。

点 评

《大过》卦强调适中，不要过度，所谓“刚过”、“泽灭木”、“过涉灭顶”、“栋桡”等现象都是过度现象的例举，它告诉我们待人接物要注意适度的原则，这样才会无往而不利，否则必有艰难困苦，乃至凶险灾祸。适度不仅是一种方法，更是一种处世的态度，独处时不应感到恐惧，避世无位时不应觉得孤单无助，否则不是伤身，便会有灾祸，这就是“独立不惧，遁世无闷”的真谛。行事适度更要量力而行，不然必有凶险，轻则无咎无誉，重则有灭顶之灾。

明君、乱主的重要区别便在于是否懂得量力而行：明君知人知己，量才而用，命令得当，人民安康，如此必然吉利亨通；乱主不知己更不知人，法令错乱，而又强制施行，人民疾苦不堪，如此必然艰难凶险。

二十五 坎卦地险

☵ **坎下坎上**

习坎①：有孚维心②，亨。行有尚。

初六：习坎，入于坎窞③，凶。

九二：坎有险，求小得。

六三：来之坎坎，险且枕④，入于坎窞，勿用。

六四：樽酒簋贰⑤，用缶，纳约自牖⑥，终无咎。

九五：坎不盈，祗既平⑦，无咎。

上六：系用徽纆⑧，寘于丛棘⑨，三岁不得，凶。

【注释】

①习坎：重坎，危险重重。

②孚：诚信。

③窞（dàn）：深坑。

④枕：通“沈”，深。

⑤樽：盛酒的器皿。　簋（guǐ）贰：两个盛饭的器皿。

⑥纳：送来，接受。　约：少，俭约。　牖（yǒu）：窗户。

⑦祗（zhī）：通“坻”，小丘。

⑧徽纆（mò）：绳索，三股为徽，两股为纆。

⑨寘：通“置”。　丛棘：借指四周长满丛棘的监狱。

【译文】

《习坎》卦：心怀诚信，亨通。努力前行，必受推崇。

初六：坑中又有坑，陷入深坑之中。凶险。

九二：在坑中遇到危险，从小处寻求脱险会有所得。

六三：到了坎坑，坎坑又险又深，陷入深处，不可轻举妄动。

六四：一个盛酒的樽，两个盛饭的簋，都用瓦器来代替，从窗户上送进去给受难的人，最终没有灾祸。

九五：坎坑没有被填满，山丘被挖平了，没有灾祸。

上六：用绳索捆住，关进四周有丛棘的监狱中，三年不能解脱，凶险。

《象》曰："习坎"，重险也。水流而不盈。行险而不失其信。"维心，亨"，乃以刚中也[1]。"行有尚"，往有功也。天险，不可升也。地险，山川丘陵也。王公设险以守其国。险之时用大矣哉[2]！

【注释】

①刚中：阳爻居于二、五中位。

②险之时：行险，用险。

【译文】

《彖传》曰："习坎"，是重重险境。流水进入而不充盈，行于险境而不失去诚信之心。"维心，亨"，是因为阳刚居于中位。"行有尚"，说明前进取得了成功。天上险境，不可攀升。地上险境，山川丘陵。王公设置险要来守卫国家。如何运用险境，意义重大！

《象》曰：水洊至[1]，习坎。君子以常德行，习教事。“习坎入坎”，失道，凶也。“求小得”，未出中也②。“来之坎坎”，终无功也。“樽酒簋贰”，刚柔际也③。“坎不盈”，中未大也。上六失道，凶三岁也④。

【注释】

①洊（jiàn）：屡次，接连。

②中：阳爻居于中位。

③刚柔际：四位为阴爻，五位为阳爻，刚柔相接。

④三岁：三年，非实指，意指时间长久。

【译文】

《象传》说：上坎下坎，水流源源不断，这就是《习坎》卦。君子据此长久保持美好的品德，熟悉掌握礼乐教化的方法。“习坎入坎”，说明失去常道，必然凶险。“求小得”，说明没有偏离中道。“来之坎坎”，说明不会取得功效。“樽酒簋贰”，说明阳刚与阴柔相互交接。“坎不盈”，说明阳刚居于中位，但还未发扬光大。上六失去了正道，所以凶险延续了三年。

扩展阅读

武侯浮西河而下①，中流②，顾而谓吴起曰③：“美哉乎山河之固，此魏国之宝也！”起对曰：“在德不在险。昔三苗氏左洞庭，右彭蠡④，德义不修，禹灭之。夏桀之居，左河、济⑤，右泰、华，伊阙在其南⑥，羊肠在其北⑦，修政不仁，汤放之。殷纣之国，左孟门⑧，右太行，常山在其北，大河经其南，修政不德，武王杀之。由此观之，在德不在险。若君不修德，舟中之人尽为敌国也⑨。”武侯曰：“善。”

（《史记·孙子吴起列传》）

【注释】

①武侯：魏武侯，前395年—前370年在位。

②中流：水流的中央。

③顾：回头。

④彭蠡（péng lǐ）：古泽名。

⑤河、济：黄河、济水。

⑥伊阙：地名，在今河南省洛阳市龙门。

⑦羊肠：羊肠坂，在今河南省沁阳市。

⑧孟门：孟门山，在今黄河壶口瀑布下游五公里处。

⑨敌国：仇敌。

【译文】

魏武侯在西河泛舟游览，船行到河的中间，他回头对吴起说："山川如此险要、壮美，这是魏国的瑰宝啊！"吴起回答说："国家政权的稳固，在于施德于民，而不在于地理形势的险要。从前三苗左临洞庭湖，右濒彭蠡泽，因为他不修德行，不讲信义，所以被大禹灭掉了。夏桀的领土，左临黄河、济水，右靠泰山、华山，伊阙山在它的南边，羊肠坂在它的北面。因为他不施仁政，所以商汤放逐了他。殷纣的国土，左边有孟门山，右边有太行山，常山在它的北边，黄河流经它的南面，因为他不施仁德，所以周武王把他杀了。由此看来，政权稳固在于施德于民，而不在于地理形势的险要。如果您不修仁德，即便同乘一条船的人也会变成您的仇敌啊！"魏武侯说："讲得好。"

点评

《坎》卦两坎相重，代表着重重险境，险象环生。这里有险地，山川丘陵，难以逾越，更有天险，猝不及防，难以预料。进入地险，无论多深，都不应该盲目慌张，四处乱窜，而应该冷静行事，从小处着眼，进而脱离险境。否则就会像被绳索捆绑的囚徒一样，身陷牢狱丛棘之中，长久遭遇凶险。与地险相比，天险更值得重视，因为它无形无时，难以捉摸，常常被人忽视，而又无处不在，无时不有。对付天险的办法在于我们自身，平时心怀诚信，持守正道，广施恩德，遇到天险才能平安无事，化险为夷；否则就像进入四周围满丛棘的牢狱一样，必然有凶险。这就是吴起所说的"在德不在险"：地险有形，如果没有德行，而一味地恃险暴虐，照样会杀身亡国；而修心以正，修政以德，不仅能够化险为夷，而且还能获得吉利亨通。

二十六　离卦附丽

☲ 离下离上

离：利贞。亨。畜牝牛①，吉。

初九：履错然②，敬之，无咎。

六二：黄离③，元吉。

九三：日昃之离④，不鼓缶而歌⑤，则大耋之嗟⑥，凶。

九四：突如其来如，焚如，死如，弃如⑦。

六五：出涕沱若⑧，戚嗟若⑨，吉。

上九：王用出征，有嘉折首⑩，获匪其丑⑪，无咎。

【注释】

①牝（pìn）牛：母牛。

②履：步履，脚步。　错然：杂乱的样子。

③黄：正色。　离：光明，光芒，光线。

④昃（zè）：太阳西斜。

⑤缶：瓦罐。

⑥大耋（dié）：年老，暮年。

⑦弃如：烟消云散的样子。

⑧沱（tuó）若：泪如雨下的样子。

⑨戚：忧伤。　嗟：叹息。

⑩有嘉：即有尚、有庆、有功。　折首：臣服。

⑪丑：众，许多，指俘虏。

【译文】

《离》卦：利于持守贞正，亨通。饲养温顺的母牛，吉利。

初九：脚步错乱无序，马上恭敬谨慎地改正，没有灾祸。

六二：天空现出光明的正色，大吉大利。

九三：太阳西斜，如果不敲着瓦罐唱歌，乐天知命，那必然会有日暮穷途的暮年悲叹，这样凶险。

九四：突如其来，炎热得似一阵烧，再如死一般静寂，不久却烟消云散。

六五：泪如雨下，忧伤叹息，吉利。

上九：君王率兵出征，有斩首之功，又抓获许多俘虏，没有灾祸。

《彖》曰：离，丽也①。日月丽乎天，百谷草木丽乎土。重明以丽乎正②，乃化成天下。柔丽乎中正③，故亨，是以“畜牝牛，吉”也。

【注释】

①丽：附丽，附着。

②重明：光明。

③柔丽乎中正：阴爻居于二、五中位。

【译文】

《彖传》说：《离》卦，附丽。日月附丽于天空，百谷草木附丽于土地。充满光明而又依附正道，所以能化育天下万物。柔顺依附于中正之道，所以亨通，这就是“畜牝牛，吉”。

《象》曰：明两作[1]，离。大人以继明照于四方。“履错之敬”，以辟咎也。“黄离元吉”，得中道也[2]。“日昃之离”，何可久也？“突如其来如”，无所容也。六五之吉，离王公也[3]。“王用出征”，以正邦也。

【注释】

①作：兴起，升起。

②得中道：阴爻居于中位。

③离：附丽。

【译文】

《象传》说：光明重叠出现，就是《离》卦。执政者据此持续不断地明照天下四方。“履错之敬”，是为了避免灾祸。“黄离元吉”，因为持守中正之道。“日昃之离”，如何能够长久呢？“突如其来如”，说明无处容纳。六五之吉，因为附丽于尊位的王公。“王用出征”，是以正道治理天下邦国。

扩展阅读

陈婴者，故东阳令史[1]，居县中，素信谨[2]，称为长者[3]。东阳少年杀其令，相聚数千人，欲置长[4]，无适用，乃请陈婴。婴谢不能[5]，遂强立婴为长，县中从者得二万人。少年欲立婴便为王[6]，异军苍头特起[7]。陈婴母谓婴曰：“自我为汝家妇，未尝闻汝先古之有贵者[8]。今暴得大名[9]，不祥。不如有所属，事成犹得封侯，事败易以亡[10]，非世所指名也[11]。”婴乃不敢为王。谓其军吏曰：“项氏世世将家，有名于楚。今欲举大事，将非其人不可[12]。我倚名族，亡秦必矣[13]。”于是众从其言，以兵属项梁。

（《史记·项羽本纪》）

【注释】

①故：原先。 东阳：在今江苏、安徽两省交界处的盱眙县马坝镇。

②素：平素，一向。 信谨：宽厚、恭谨。

③长者：忠厚有名望的人。

④置长：推举首领。

⑤谢：推辞。

⑥便：立即。

⑦异军：与众不同的军队。苍头：用青巾包头。

⑧先古：祖先。

⑨暴：突然。 大名：称王之名。

⑩亡：逃脱，逃走。

⑪指名：指名注目。

⑫其人：项氏，即项梁。

⑬亡：打败，灭亡。 必：一定，必然。

【译文】

陈婴，原先是东阳县的令史，在县中一向宽厚恭谨，人们认为他是忠厚有名望的人。东阳县的年轻人杀了县令，聚集了数千人，想推举出一位首领，没有找到合适的人选，就来请陈婴。陈婴推辞说自己没有能力，他们就强行让陈婴当了首领，县中追随的人有两万。那帮年轻人想索性立陈婴为王，为与其他军队相区别，用青巾裹头，以表示新突起一支义军。陈婴的母亲对陈婴说："自从我做了陈家的媳妇，还从没听说陈家祖上有显贵的人，如今你突然有了这么大的名声，恐怕不是吉祥的征兆。依我看，不如去有所依附，起事成功还可以封侯，起事失败也容易逃脱，因为那样你就不是为世所指名注目的人了。"于是，陈婴没敢称王。他对军吏们说："项氏世世代代做大将，是楚国的名门。现在我们要起义成大事，那就非得项家的人不可。我们依靠了名门大族，灭亡秦朝就确定无疑了。"于是军众听从了他的话，把军队归属于项梁。

点 评

《离》卦两离相重，既有光明普照，又有附丽顺从之意，两者所强调的还是怀近柔远之道：对居于高位的执政者来说，应该广施美德，像日月附丽于天空一样，普照天下四方，这样才能亨通，乃至“元吉”；对于身居下位者要持守贞正，乐天知命，恭敬待人，谨慎行事，这样才能无咎，乃至吉利。《离》卦告诉我们偏西的太阳不长久，暴躁的手段令人厌恶，这就是“何可久”“无所容”所暗含的真谛。陈婴的做法无疑符合《离》卦的要求：他平常恭敬待人，谨慎行事，是人们心目中的“长者”；受人推举，位居尊位，但又乐天知命，智慧通达，率领部下投靠更有名望的人。显然，他的这种做法退可以保身，进可以取功，实是亨通、元吉之道。

二十七 咸卦感应

䷞ 艮下兑上

咸[1]：亨，利贞。取女吉[2]。
初六：咸其拇[3]。
六二：咸其腓[4]，凶。居吉。
九三：咸其股[5]，执其随[6]，往吝。
九四：贞吉，悔亡[7]。憧憧往来[8]，朋从尔思[9]。
九五：咸其脢[10]，无悔。
上六：咸其辅、颊、舌[11]。

【注释】

①咸：通“感”，交感，感应。

②取：同“娶”。

③拇：大脚趾。

④腓（féi）：小腿肚。

⑤股：大腿。

⑥执：执意，盲目。

⑦亡：无。

⑧憧憧：频频，往来不绝的样子。

⑨朋：同类为朋，朋友。

⑩脢（méi）：背上的肉，脊背。

⑪辅：牙床骨。 颊：面颊。

【译文】

《咸》卦：亨通，利于持守贞正。娶女为妻，吉利。

初六：感应始于大拇趾。

六二：感应于小腿肚，凶险。安居静守，吉利。

九三：感应于大腿，盲目追随，前行会遇到困难。

九四：持守贞正吉利，没有悔恨。频频往来，朋友们会顺从你的意愿。

九五：感应于脊背，没有悔恨。

上六：感应于牙床骨、面颊、口舌。

《彖》曰：咸，感也。柔上而刚下[①]，二气感应以相与[②]。止而说[③]，男下女，是以"亨，利贞，取女吉"也。天地感而万物化生，圣人感人心而天下和平。观其所感，而天地万物之情可见矣。

【注释】

①柔上：《咸》卦上为兑，兑为柔。 刚下：《咸》卦下为艮，艮为刚。

②相与：相互融洽。

③止：艮为山，为止，节制。 说：通"悦"，兑为悦，和悦。

【译文】

《彖传》说：《咸》卦，感应。阴柔在上，阳刚在下，二气交感相应，融洽相处。克制而且和悦，如同男女交互感应，所以"亨，利贞，取女吉"。天地相互感应而万物化育生长，圣人以仁德感人心而天下和平。观察相互感应，可以通晓天地万物的变化规律。

《象》曰：山上有泽[1]，咸。君子以虚受人。“咸其拇”，志在外也。虽“凶居吉”，顺不害也。“咸其股”，亦不处也。志在随人，所执下也。“贞吉，悔亡”，未感害也。“憧憧往来”，未光大也。“咸其脢”，志末也[2]。“咸其辅颊舌”，滕口说也[3]。

【注释】

①山上有泽：《咸》卦艮为山，兑为泽。

②末：微小，细小，浅薄。

③滕：通“腾”，空口说话。

【译文】

《象传》说：下艮上兑，艮为山，兑为泽，山上有泽，就是《咸》卦。君子据此宽容大度，谦虚容纳众人。“咸其拇”，说明心志外显。虽“凶居吉”，说明顺应感应之道不会招惹灾祸。“咸其股”，说明没有安居静处。志在随人，说明盲目追随。“贞吉，悔亡”，说明交感没有带来祸害。“憧憧往来”，说明感应还没有光大。“咸其脢”，说明志向浅薄。“咸其辅颊舌”，说明只是空言拨弄口舌而已。

扩展阅读

明王惧声以感耳[1]，惧气以感目。以此二者有天下矣，可毋慎乎？匠人有以感斤欘[2]，故绳可得料也[3]，羿有以感弓矢[4]，故彀可得中也[5]。造父有以感辔策[6]，故遬兽可及[7]，远道可致。天下者，无常乱，无常治。不善人在则乱，善人在则治，在于既善[8]，所以感之也。

（《管子·小称》）

【注释】

①惧：警惕，戒惧。

②斤：斧斤。

③料：量定，料定。

④羿：后羿，传说中的神箭手。

⑤彀（gòu）：箭靶。

⑥造父：生活在西周时期，善于驾车。

⑦遬（sù）：通“速”，迅速。

⑧既：尽。

【译文】

明君警惕恶声影响耳朵听，警惕恶气影响眼睛看。因为这两者都有关天下得失，怎么能不谨慎呢？工匠有办法感应于斤斧，所以绳墨能量定木材；后羿有办法感应于弓矢，所以张弓能射中目标；造父有办法感应于辔鞭，所以能追上快兽，到达远方。天下没有常乱，也没有常治。坏人当政则乱，善人当政则治。因为善人本身尽善，所以感应于他治理天下的事业。

点 评

《咸》卦感应，这种感应包括形体上的接触，即所谓“咸其拇”“咸其股”，更包括心灵上的相通，即所谓“居吉”“朋从尔思”。人与人、人与物之间的感应听起来颇为神秘，实则常见于我们的生活中：天地感应而生万物，男女感应而成夫妇，朋友感应而成知己。感应需要执著的精神，所谓“憧憧往来，朋从尔思”即是频频往来，坚持不懈，终会得到自己追求的东西。匠人感应于斧斤、后羿感应于弓箭、造父感应于辔绳而成为天下能人，这些都是因为他们专心致志，执著追求，乃至技艺达于至善。执著并不是盲目追随，蛮横固执、刚愎自用；执著也不能流于表面。真心的感应，才能获得追求的东西，空口说话，拨弄口舌，早晚会陷入困境，乃至凶险。

二十八　恒卦长久

☳☴ **巽下震上**

恒：亨。无咎。利贞。利有攸往。

初六：浚恒①，贞凶，无攸利。

九二：悔亡②。

九三：不恒其德，或承之羞③，贞吝。

九四：田无禽④。

六五：恒其德，贞，妇人吉，夫子凶。

上六：振恒⑤，凶。

【注释】

①浚：深。

②亡：无，没有。

③承：遭受，承受。

④田：田猎，打猎。

⑤振：振动，动荡。

【译文】

《恒》卦：亨通，没有灾祸，利于持守贞正，利于出门远行。

初六：不停地挖土求深，会遇到凶险，没有什么好处。

九二：没有什么可悔恨。

九三：不能长久地保持美德，会遭受羞辱，遇到艰难。

九四：打猎没有获得禽兽。

六五：长久地保持美德。持守贞正，女人吉利，男人凶险。

上六：振动不安，凶险。

《彖》曰：恒，久也。刚上而柔下[①]，雷风相与，巽而动[②]，刚柔皆应[③]，恒。“恒，亨，无咎，利贞”，久于其道也。天地之道恒久而不已也[④]。“利有攸往”，终则有始也。日月得天而能久照，四时变化而能久成。圣人久于其道而天下化成。观其所恒[⑤]，而天地万物之情可见矣。

【注释】

①刚上：《恒》卦上为震，震为阳。　柔下：《恒》卦下为巽，巽为阴。

②巽：和顺。

③刚柔皆应：《恒》卦上下阴爻与阳爻一一相应。

④已：停止。

⑤观：观察，洞察。

【译文】

《彖传》说：《恒》卦，长久。阳刚在上，阴柔在下，雷风交互，顺而后动，阳刚与阴柔相应，这就是《恒》卦。“恒，亨，无咎，利贞”，说明长久保持正道。天地之道，恒久而不停滞。“利有攸往”，说明终始相因，往复不穷。日月不停，所以长久普照大地，四季变化，所以万物生生不息。圣人持久坚守正道，所以天下秩序得以形成。洞察天地间恒久大道，所以能通晓天下万物的情状。

《象》曰：雷风[1]，恒。君子以立不易方[2]。“浚恒”之“凶”，始求深也。九二“悔亡”，能久中也[3]。“不恒其德”，无所容也。久非其位[4]，安得禽也？妇人贞吉，从一而终也。夫子制义[5]，从妇凶也。振恒在上，大无功也。

【注释】

①雷风：《恒》卦上震下巽，震为雷，巽为风。

②不易：恒久。 方：原则，正道。

③久中：阳爻居于二位，得中。

④久非其位：四位为阴，阳爻居之，不当位。

⑤制：裁制，依据，权衡。 义：道义事理。

【译文】

《象传》说：上为雷下为风，就是《恒》卦。君子据此确立持守恒久的正道。“浚恒”之“凶”，说明开始就盲目求深。九二“悔亡”，说明能够长久持守中道。“不恒其德”，说明不被人容纳。长久不当位，怎么能获得禽兽？妇人持守贞正吉利，是因为从一而终。男子必须权衡道义事理，若像妇人一样追随则有凶险。高居上位又振动不安，不会有什么功劳。

扩展阅读

晏子为庄公臣[1]，言大用[2]，每朝，赐爵益邑[3]；俄而不用，每朝，致邑与爵[4]。爵邑尽，退朝而乘，喟然而叹[5]，终而笑。其仆曰：“何叹笑相从数也？”晏子曰：“吾叹也，哀吾君不免于难；吾笑也，喜吾自得也，吾亦无死矣。”

崔杼果弑庄公[6]，晏子立崔杼之门，从者曰：“死乎？”晏子曰：“独吾君也乎哉？吾死也！”曰：“行乎？”曰：“独吾罪也乎哉？吾亡也[⑦]！”曰：“归乎[⑧]？”曰：“吾君死，安归？君民者岂以陵民？社稷是主。臣君者，岂为其口实[⑨]？社稷是养。故君为社稷死，则死之，为社稷亡，则亡之；若君为己死而为己亡，非其私昵[⑩]，孰能任之。且人有君而弑之，吾焉得死之？而焉得亡之？将庸何归！”

门启而入。崔子曰：“子何不死？子何不死？”晏子曰：“祸始，吾不在也。祸终，吾不知也，吾何为死？且吾闻之，以亡为行者，不足以存君；以死为义者，不足以立功。婴岂其婢子也哉，其缢而从之也！”遂袒免[⑪]，坐，枕君尸而哭[⑫]。兴，三踊而出[⑬]。人谓崔子：“必杀之。”崔子曰：“民之望也，舍之得民。”

（《晏子春秋·内篇杂上》）

【注释】

①庄公：齐庄公，公元前553—前548年在位，因为私情被崔杼所杀。

②言：意见，建议。

③益：增加。

④致邑：归还封邑。

⑤喟（kuì）然：叹息的样子。

⑥崔杼：齐国权臣，在家里杀死了齐庄公。弑：杀。

⑦亡：逃亡。

⑧归：归顺，归附。

⑨口实：俸禄，食物。

⑩私昵：亲近。

⑪袒免：袒衣免冠。

⑫枕君尸：将庄公的头放在大腿上。

⑬三踊：跳跃三下，古代的丧礼，向死者跳脚号哭，以示哀痛。

【译文】

晏子出任齐庄公的大臣，他的建议多被采纳，每次朝见，齐庄公都加赏爵位与食邑。不久，不重用他了，每次朝见，都削减晏子的食邑与爵位。爵位与食邑都收了回去，晏子退朝上车，感慨地叹息，叹息之后又大笑。他的仆人说："先生为什么时而叹息时而又大笑呢？"晏子说："我叹息的原因，是为我们的国君不能免于灾难而悲哀；我大笑的原因，是因为我能够保全自己，我也不会死了。"

崔杼果然杀死了齐庄公，晏子站在崔杼的门前，跟随他的人问："是去死吗？"晏子说："只是我一个人的国君吗？我为什么要死！"跟随的人又问："那是离开吗？"晏子说："这是我一个人的罪过吗？我为什么要出逃！"跟随的人又问："那是去归附吗？"晏子说："我们的国君死了，向谁归顺呢？治理百姓的国君，是为了欺凌百姓吗？他主持着国家社稷而已。侍奉国君的臣子，难道是为了俸禄吗？他奉养着国家社稷而已。所以，国君为社稷而死，臣子就为他死，君王为社稷而出逃，臣子就为他出逃；如果君王为自己而死，为自己而出逃，不是他的近臣，谁能跟随着他呢？况且人有国君却杀了他，我为什么去死？为什么逃亡？又为什么去归附？"

门开了，晏子走进去，崔杼说："你为什么不殉死？你为什么不殉死？"晏子说："祸乱开始时我不在，祸乱结束时我不知道。我为什么要殉死？况且我听说，把出逃当作德行的人，不算保全了国君；把死当作节义的人，不算为国立了功。我难道是婢女吗？他上吊我也跟着上吊？"于是袒衣免冠，坐在地上，将齐庄公的头放在大腿上痛哭，哭完起身，跳了三下就出去了。有人对崔杼说："一定要杀了晏子。"崔杼说："晏子是百姓爱戴的人，不杀他可以得民心。"

点评

《恒》卦上震下巽，雷风相动，刚柔相应，这是一种长久之象，所以强调永恒长久。天地恒久，日月普照，四季循环，如果能够洞察恒久之道，可以通晓天地万物的情状。恒久之道讲究持续，需要持之以恒的精神，暂时的努力求深，不但"无攸利"，还会遇到凶险；没有恒常之性，一直振动变化，不是"或承之羞""无所容"，就是"大无功"，乃至凶险。

恒久之道强调持之以恒，但并不推崇盲目追随，从一而终只适用于夫妻之道，如果生搬硬套，前途必然充满凶险。晏子的言行无疑体现了《恒》卦的道理：真正恒久的是国家社稷，国君只不过是掌管着国家社稷的人，大臣追随国君，也是为了奉养国家社稷，所以"君为社稷死，则死之，为社稷亡，则亡之"。至于那些盲目把逃亡当作德行，把从死当作节义的人，真是没有参透恒久之道的真谛。

二十九　遁卦退避

☰☶ 艮下乾上

遁[①]：亨。小利贞[②]。

初六：遁尾，厉，勿用有攸往。

六二：执之用黄牛之革[③]，莫之胜说[④]。

九三：系遁[⑤]，有疾厉[⑥]，畜臣妾，吉。

九四：好遁[⑦]，君子吉，小人否。

九五：嘉遁[⑧]，贞吉。

上九：肥遁[⑨]，无不利。

【注释】

①遁（dùn）：隐退。

②小：从小处着手。

③执：捆绑。

④说：通“脱”，逃脱。

⑤系：拖累，拘系。

⑥疾厉：痛苦。

⑦好：喜好。

⑧嘉：赞美。

⑨肥：通“飞”。

【译文】

《遁》卦：亨通，从小处着手，利于持守贞正。

初六：处在末尾的隐退，有危险，不利于前行。

六二：用黄牛皮绳束缚，没有人能逃脱。

九三：有羁绊的隐退，会产生痛苦。畜养家臣奴婢，吉利。

九四：喜欢隐退，对于君子吉利，对于小人不利。

九五：赞美隐退，持守贞正，吉利。

上九：远走高飞的隐退，无往不利。

《彖》曰："遁，亨"，遁而亨也。刚当位而应[1]，与时行也。"小利贞"，浸而长[2]也。遁之时义大矣哉！

【注释】

①刚当位：阳爻居五位。 应：五位阳爻与二位阴爻相应。

②浸：渐渐。

【译文】

《彖传》说："遁，亨"，隐退而亨通。阳刚当位而且与阴柔相应，又能适时行动。"小利贞"，说明阴柔渐渐成长。隐退而注意时机，意义非常深远！

《象》曰：天下有山[1]，遁。君子以远小人，不恶而严[2]。"遁尾"之"厉"，不往何灾也？"执用黄牛"，固志也。"系遁"之"厉"，有疾惫也[3]。"畜臣妾吉"，不可大事也。"君子好遁，小人否"也。"嘉遁贞吉"，以正志也。"肥遁，无不利"，无所疑也[4]。

【注释】

①天下有山：《遁》卦上乾下艮，乾为天，艮为山。

②恶：憎恶，厌恶。

③疾惫：非常疲惫。

④疑：顾虑，挂碍。

【译文】

《象传》说：上乾下艮，乾为天，艮为山，天下有山，就是《遁》卦。君子据此疏远小人，不显露憎恶，但庄重威严。“遁尾”之“厉”，说明不前进怎么会有灾祸呢？“执用黄牛”，说明固守心志。“系遁”之“厉”，是因为疲乏至极。“畜臣妾吉”，说明不可为大事。“君子好遁，小人否”也。“嘉遁贞吉”，说明端正心志。“肥遁，无不利”，说明没有什么顾虑、挂碍。

扩展阅读

夫商君为孝公平权衡，正度量，调轻重，决裂阡陌[①]，教民耕战，是以兵动而地广，兵休而国富，故秦无敌于天下，立威诸侯。功已成，遂以车裂。楚地持戟百万，白起率数万之师，以与楚战，一战举鄢、郢[②]，再战烧夷陵[③]，南并蜀、汉，又越韩、魏攻强赵，北坑马服[④]，诛屠四十余万之众，流血成川，沸声若雷，使秦业帝。自是之后，赵、楚慑服，不敢攻秦者，白起之势也。身所服者，七十余城。功已成矣，赐死于杜邮[⑤]。吴起为楚悼罢无能[⑥]，废无用，损不急之官[⑦]，塞私门之请，壹楚国之俗，南攻杨越[⑧]，北并陈、蔡，破横散从[⑨]，使驰说之士，无所开其口。功已成矣，卒支解[⑩]。大夫种为越王垦草创邑，辟地殖谷，率四方士，上下之力，以禽劲吴[⑪]，成霸功。勾践终棓而杀之[⑫]。此四子者，成功而不去，祸至于此。此所谓信而不能诎[⑬]，往而不能反者也[⑭]。范蠡知之，超然避世，长为陶朱[⑮]。

（《战国策·秦三》）

【注释】

①阡陌：南北为阡，东西为陌，此处指井田制。

②鄢、郢：楚国的都城。

③夷陵：楚王的陵墓。
④坑：坑杀。　马服：赵括，在长平之战中被白起打败。
⑤赐死：白起被秦昭王赐死。　杜邮：今陕西省咸阳市东。
⑥楚悼：楚悼王，公元前401—前381年在位，任用吴起进行改革。
⑦损：减少。　不急之官：冗员。
⑧杨越：扬越，长江中下游地区。
⑨破横：破解连横。　散从：解散合纵。
⑩卒：最后。　支解：楚悼王死后，吴起被贵族射死，然后又被五马分尸。
⑪禽：通“擒”。
⑫棓（bàng）：杖。
⑬诎（qū）：通“屈”。
⑭反：通“返”。
⑮陶朱：范蠡隐退后经商，富甲天下，人称陶朱公。

【译文】

商鞅为秦孝公平准权衡，校正度量，调整轻重，废除井田，教民耕战，所以兵出而土地扩展，兵休而国家富强，因此秦国无敌于天下，威风立于诸侯各国。可是大功已成，商鞅却被车裂。楚国拥有雄兵百万，秦将白起率领几万人马去攻打楚国，一战便攻下鄢、郢，再战便焚烧了夷陵，往南吞并蜀国、汉中；又越过韩、魏攻打强大的赵国，在北方坑杀马服君四十多万兵卒，血流成河，哀声震天，使秦国成就帝王之业。从此以后，赵、楚畏服，不敢攻打秦国，这是仰仗白起的威势呀。他亲身所征服的城池有70多座，但大功已成，却被赐死在杜邮。吴起为楚悼王罢黜无能，废止无用，减少冗员，杜绝私门请托，一统楚国的风俗，往南攻打扬越，往北攻打陈、蔡，摧毁连横，解散合纵，使游说之士不能开口。但是大功已成，却被分尸肢解。大夫文种，为越王垦荒建城，拓地种谷，统领四方之士，齐合上下之力，击败强大的吴国，完成越国霸业，可是最终却被勾践赐死。这四个人，都是因为功成而不退，才招来杀身之祸，这就是所谓的伸而不能屈，往而不能返呀。范蠡深知其中的道理，超然避世，而变为巨富陶朱公。

点 评

《遁》卦，天下有山，刚健而止，代表着客观形势的不利，所以它强调及时隐退，即所谓“好遁”、“嘉遁”、“肥遁”，这样不但能够端正心志，还会获得吉祥，特别是远走高飞的“肥遁”，毫无挂碍，无往而不利。过时的隐退，就是“遁尾”，前途必然充满危险；迟疑不决的隐退，就是“系遁”，前途也充满艰难。

“好遁”、“嘉遁”，特别是“肥遁”，所提倡的是功成弗居、急流勇退的处世态度。在不利的形势下，暂时的隐退无疑是明智之举，刚健有为必然是错误的选择，因为时机已变，更利于“勿用有攸往”。适时的隐退，不仅保持既有的功业，更能取得另一片天地的作为，否则不是面临凶险，就是身败名裂。与商鞅、白起、吴起、文种相比，范蠡的选择显然更为明智。

三十　大壮强正

☳☰ 乾下震上

大壮：利贞。

初九：壮于趾，征凶①，有孚②。

九二：贞吉。

九三：小人用壮，君子用罔③，贞厉。羝羊触藩④，羸其角⑤。

九四：贞吉，悔亡。藩决不羸⑥，壮于大舆之輹⑦。

六五：丧羊于易⑧，无悔。

上六：羝羊触藩，不能退，不能遂⑨，无攸利，艰则吉。

【注释】

①征：征伐。

②孚：诚信。

③用罔：无用，退守。

④羝（dī）羊：公羊。　藩：篱笆。

⑤羸（léi）：缠绕。

⑥决：破，冲破。

⑦輹（fù）：车辐。

⑧易：同“场”，田畔。

⑨遂：前进。

【译文】

《大壮》卦：利于持守贞正。

初九：脚趾强壮，征战会有凶险，应心怀诚信。

九二：持守贞正，吉利。

九三：小人强壮，君子退守，否则即使贞正也有危险。就像公羊用头角撞篱笆，却被篱笆卡住了。

九四：持守贞正，吉利，没有悔恨。就像公羊撞破了篱笆，羊角摆脱了羁绊，又像在大车上的辐条一样强壮。

六五：在田畔丧失了羊，没有悔恨。

上六：公羊用头角撞篱笆，角被卡住，退不了，进不了。没有什么好处，在艰难中等待时机，会获得吉祥。

《彖》曰：大壮，大者壮也。刚以动①，故壮。“大壮，利贞”，大者正也。正大，而天地之情可见矣。

【注释】

①刚以动：《大壮》卦下乾上震，乾为刚，震为动。

【译文】

《彖传》说：《大壮》卦，强大壮盛。下乾上震，刚健而又震动，所以强壮。“大壮，利贞”，说明强大而又持守正道。正大强壮，可以通晓天地之间的情状。

《象》曰：雷在天上①，大壮。君子以非礼弗履。“壮于趾”，其孚穷也②。九二“贞吉”，以中也③。“小人用壮”，“君子用罔”也。“藩决不羸”，尚往也。“丧羊于易”，位不当也④。“不能退，不能遂”，不详也[⑤]。"艰则吉"，咎不长也。

【注释】

①雷在天上：《大壮》卦上震下乾，震为雷，乾为天。

②穷：穷尽，没有。

③中：阳爻在二位，居中。

④位不当：五为阳位，阴爻居之。

⑤详：周详。

【译文】

《象传》说：上震下乾，震为雷，乾为天，雷在天上，就是《大壮》卦。君子据此非礼不为，以礼行事。"壮于趾"，说明虽然满怀诚信地走路，却无路可走。九二"贞吉"，是因为居于中位。"小人用壮"，"君子用罔"也。"藩决不羸"，说明利于前进。"丧羊于易"，是因为阴爻居位不当。"不能退，不能遂"，说明行事不周详。"艰则吉"，说明灾祸不会长久。

扩展阅读

公仪伯以力闻诸侯，堂谿公言之于周宣王[①]，王备礼以聘之。公仪伯至，观形，懦夫也。宣王心惑而疑曰："女之力何如[②]？"公仪伯曰："臣之力能折春螽之股[③]，堪秋蝉之翼[④]。"王作色曰："吾之力者能裂犀兕之革[⑤]，曳九牛之尾[⑥]，犹憾其弱[⑦]。女折春螽之股，堪秋蝉之翼，而力闻天下，何也？"

公仪伯长息退席曰："善哉，王之问也！臣敢以实对。臣之师有商丘子者，力无敌于天下，而六亲不知，以未尝用其力故也。臣以死事之。乃告臣曰：'人欲见其所不见，视人所不窥；欲得其所不得，修人所不为。故学视者先见舆薪[⑧]，学听者先闻撞钟。夫有易于内者，无难于外。于外无难，故名不出其一家。'今臣之名闻于诸侯，是臣违师之教[⑨]，显臣之能者也。然则臣之名不以负其力者也⑩，以能用其力者也，不犹愈于负其力者乎？”

（《列子·仲尼》）

【注释】

①堂谿（xī）公：西周贤士。　周宣王：西周天子，公元前828年—前782年在位。

②女：汝。

③螽（zhōng）：蚂蚱，蝗虫。

④堪：刺透，刺破。

⑤兕（sì）：雌犀牛。

⑥曳：拖。

⑦憾：嫌。

⑧舆薪：装满木柴的大车。

⑨违：违背。

⑩负：凭借，依仗。

【译文】

公仪伯由于力气大而闻名于诸侯各国，堂谿公把这事告诉了周宣王。周宣王便准备好了聘礼去请他。公仪伯来到后，看样子，像个懦夫。周宣王心中疑惑，问道："你的力气怎样？"公仪伯回答说："我的力气能折断春天蝗虫的大腿，能刺穿秋天知了的翅膀。"周宣王变了脸色，说："我的力气能撕开犀兕的皮革，拖住九头牛的尾巴，我还嫌力气太小。你只能折断春天蝗虫的大腿，刺穿秋天知了的翅膀，却以力气大而闻名于天下，这是为什么呢？"

公仪伯长长地叹了一口气，离开了坐席，说："大王问得好啊！我大胆地把实际情况告诉您。我的老师中有个叫商丘子的，力气大得天下没有对手，而他的至亲密友却不知道，这是他从来没有用过力气的缘故。我心甘情愿侍奉他，他才告诉我说：'修道之人，要看别人所不看的，观察别人所不观察的，得到别人所不得的，修习别人所不做的。所以，练习眼力就要先看装满木柴的大车，练习听力就得先听撞钟的声音。在心里觉得容易，做起来便不觉得困难。做起来不觉得困难，因而名声也就出不了家庭。'现在我的名声传遍了诸侯各国，是我违背了老师的教导，显示了自己能力的缘故。不过，我的名声不是凭借力气大得到的，而是由于恰当地运用力气得到的，这岂不是比力气大更好一些吗？"

点 评

《大壮》，雷在天上，刚健有力而又善于行动，是力量强盛、气势壮大的象征。与外在的气力相比，《大壮》卦更强调内在心志的强正，因为蛮横用力，盲目前进，就会像羊角挂上篱笆一样，进退失据，不是陷入困境，就是遇到凶险，即所谓"壮于趾，征凶"。而内心的强正才是真正的强大，因为它就像大车的车辐一样，不但保持前行无碍，而且还能化险为夷，转危为安，乃至获得吉祥，即所谓“艰则吉”。所以，《大壮》卦告诉我们真正的强大不是外在的力气，而是内在的智慧。

商丘子所说的“有易于内者，无难于外”指的就是内心的强正，获得这种内在的智慧，需要像练习眼力、听力一样循序渐进，更需要懂得恰当的运用，否则仍是进退两难，无所获利。这就是公仪伯所说的“能用其力”，而不是“负其力者”：恰当、正确地使用力气，就是“折春螽之股，堪秋蝉之翼”，也是真正的有力；蛮横、盲目地使用力气，就是能“裂犀兕之革，曳九牛之尾”也算不上有力。

三十一　晋卦前进

䷢ 坤下离上

晋：康侯用锡马蕃庶①，昼日三接②。

初六：晋如摧如③，贞吉。罔孚④，裕无咎⑤。

六二：晋如愁如，贞吉。受兹介福⑥，于其王母⑦。

六三：众允⑧，悔亡。

九四：晋如鼫鼠⑨，贞厉。

六五：悔亡，失得勿恤⑩。往吉，无不利。

上九：晋其角⑪，维用伐邑⑫，厉吉，无咎，贞吝。

【注释】

①康侯：指周武王的弟弟康叔封。　锡：用作“赐”，意思是赐予。　蕃庶：众多。

②三接：多次接见。

③摧如：欲进不进的样子。

④罔：无。　孚：诚信，取信。

⑤裕：宽容大度。

⑥介：大。

⑦王母：指六五，五居尊位，但以阴居阳，故称“王母”。

⑧允：支持，信赖。

⑨鼫（shí）鼠：硕鼠，意为不劳而获，贪得无厌。

⑩恤：忧虑。
⑪角：狭窄处，比喻穷境。
⑫维：考虑。

【译文】

《晋》卦：康侯享受所赐车马众多，一天内多次受赐。

初六：无论上进还是退却，持守贞正吉利。即使没有取信于人，但宽容大度就没有什么灾祸。

六二：想前进而又发愁的样子，坚守贞正吉利。从王母那里，获得很大的福佑。

六三：众人都信赖支持，没有悔恨。

九四：前进时贪得无厌，必然遇到危险。

六五：没有悔恨，不要患得患失。前进，吉利，无所不利。

上九：在穷境处前进，可以考虑攻打敌方城邑。虽然危险，但最终吉利，没有灾祸，坚守贞正，以防危难。

《彖》曰：晋，进也，明出地上①。顺而丽乎大明②，柔进而上行③，是以"康侯用锡马蕃庶，昼日三接"也。

【注释】

①明出地上：《晋》卦上离下坤，离为明，坤为地。
②大明：太阳。
③柔进而上行：晋卦初、二、三、五都是阴爻，依次上升。

【译文】

《彖传》说：《晋》卦，前进，地上升起光明。柔顺附丽于太阳，阴柔前进而不断上升，所以"康侯用锡马蕃庶，昼日三接"。

《象》曰：明出地上，晋。君子以自昭明德[①]。“晋如摧如”，独行正也。“裕无咎”，未受命也。“受兹介福”，以中正也[②]。“众允”之志，上行也[③]。“鼫鼠，贞厉”，位不当也[④]。“失得勿恤”，往有庆也。“维用伐邑”，道未光也。

【注释】

①自昭：自我显示，广施。

②中正：阴爻居于中位。

③上：通“尚”。

④位不当：四为阴位，阳爻居之。

【译文】

《象传》说：上离下坤，离为明，坤为地，光明在地上升起，就是《晋》卦。君子据此广施明德。“晋如摧如”，说明前进遵循正道。“裕无咎”，说明还没有接受命令。“受兹介福”，是因为坚守中正之道。“众允”之志，说明以前进为尚。“鼫鼠，贞厉”，是因为居位不当。“失得勿恤”，说明前进必有福庆。“维用伐邑”，说明正道还没有发扬光大。

扩展阅读

子曰：“舜其大孝也与！德为圣人，尊为天子，富有四海之内。宗庙飨之[①]，子孙保之。故大德必得其位，必得其禄，必得其名，必得其寿。故天之生物，必因其材而笃焉[②]。故栽者培之，倾者覆之。《诗》曰：‘嘉乐君子，宪宪令德[③]！宜民宜人，受禄于天。保佑命之，自天申之[④]！’故大德者必受命。”

（《礼记·中庸》）

【注释】

①飨（xiǎng）：祭祀。 之：代舜。

②笃：厚重，照顾。

③宪宪：显显，显著。

④申：赐予。

【译文】

孔子说："舜真是大孝之人。论德行他是圣人，论尊贵他是天子，论财富他拥有整个天下。他享受宗庙的祭祀，子子孙孙永远延续不断。所以有大德的人，必然得到应有的地位，必然得到应有的财富，必然得到应有的名声，必然得到应有的长寿。所以天生万物，必然依照它们的材质而精心地照料。因而，能够栽种的就帮他培养，若要倾倒的就让它覆灭。《诗经》上说：'高尚优雅的君子，拥有显著的美德。他使百姓安居乐业，承接上天赐予的福禄。上天保佑他，命他为天子，又再赐福给他。'所以有大德的人，必然秉受天命。"

点评

《晋》卦光明从地上升起，象征着有利的外在环境，身处此境，应该积极进取，广施美德。在前进过程中，要宽容大度，"柔进而上行"，不要患得患失，更不要贪得无厌，只有这样才能获得福佑，"往有庆"。前进不但要"独行正"，更需要取信于民，争取大众的支持和信赖，因为只有"众允"才能"志上行"，乃至无往不利。而争取支持、获得信赖的根本便在于"自昭明德"，如果没有大德，不但无法承受天命，无法光大正道，更有可能遇到危险。所以，承受天命、拥有天下者必有大德，必受到人们的推崇，获得人们的信赖和支持，孔子所强调的正是这一点。

三十二　明夷用晦

䷣ 离下坤上

明夷[①]：利艰贞。

初九：明夷于飞，垂其翼。君子于行，三日不食。有攸往，主人有言[②]。

六二：明夷，夷于左股[③]，用拯马壮[④]，吉。

九三：明夷于南狩[⑤]，得其大首[⑥]，不可疾[⑦]，贞。

六四：入于左腹[⑧]，获明夷之心，于出门庭。

六五：箕子之明夷[⑨]，利贞。

上六：不明，晦，初登于天，后入于地。

【注释】

①明夷：光明隐蔽，日落西山。

②主人：居于高位的人。　言：责难，责备。

③夷：通“痍”，受伤。

④拯：得救。

⑤南狩：到南方征伐。

⑥大首：大头，敌方的首领，元凶。

⑦疾：快速，急躁。

⑧腹：通“复”，古代半地下式房屋的复室，密室。

⑨箕子：殷纣王的哥哥。

【译文】

《明夷》卦：利于艰难中坚守贞正。

初九：日落西山时飞走，收敛起翅膀。君子远行，多日没有吃饭。远行之时，可能受到主人的责备。

六二：日落西山时，左腿受了伤，因马强壮善跑得救，吉利。

九三：日落西山时，开始南征，诛除元凶，不可急躁，坚守贞正。

六四：进入密室，获得黑暗的内情，于是出门远离。

六五：箕子自晦其明，利于坚守贞正。

上六：不光明，昏暗。起初飞向天空，后来坠落地上。

《彖》曰：明入地中①，明夷。内文明而外柔顺②，以蒙大难③，文王以之。"利艰贞"，晦其明也，内难而能正其志④，箕子以之。

【注释】

①明入地中：《明夷》卦上坤下离，坤为地，离为明。

②内文明：离在下，在内，象征文彩光明。　外柔顺：坤在上，在外，象征阴柔和顺。

③大难：周文王被拘羑（yǒu）里。

④内难：朝内险境。

【译文】

《彖传》说：光明隐于地中，就是《明夷》卦。内含文明而外显柔顺，周文王蒙受大难时，采取这种态度。"利艰贞"，说明隐藏光明正大的志向，朝内遭受险境而能够端正志向，箕子就是这样做的。

《象》曰：明入地中，明夷。君子以莅众用晦而明[①]。"君子于行"，义不食也[②]。六二之吉，顺以则也[③]。"南狩"之志，乃得大也。"入于左腹"，获心意也。箕子之贞，明不可息也[④]。"初登于天"，照四国也。"后入于地"，失则也。

【注释】

①莅：莅临，治理。

②义：理之当然。　食：食俸禄。

③则：正道，准则。

④明：明德。　息：磨灭。

【译文】

《象传》说：光明隐入地中，就是《明夷》卦。君子据此对待众人，因为自我晦藏而使德行更为昭著。"君子于行"，是因为君子以仁义为本，在光明殒灭时不食俸禄。六二之吉，是因为和顺而又遵循正道。"南狩"之志，说明收获很大。"入于左腹"，说明获得了真实的内情。箕子之贞，说明明德没有磨灭。"初登于天"，说明居高明照四方侯国。"后入于地"，说明丧失治国的准则。

扩展阅读

纣为长夜之饮[①]，惧以失日[②]，问其左右，尽不知也。乃使人问箕子。箕子谓其徒曰："为天下主而一国皆失日[③]，天下其危矣。一国皆不知而我独知之，吾其危矣。"辞以醉而不知[④]。

（《韩非子·说林上》）

【注释】

①长夜：关上窗户，点上灯烛，延长夜的时间。

②惧：欢。　日：日期。

③国：国都。

④辞：推辞。

【译文】

商纣王不分日夜地饮酒，因为狂欢而忘记了日期，问他身边的人，都不知道。于是就派人去问箕子。箕子对随从说：“做了天下的主子，整个国都的人都忘记了日期，天下恐怕就危险了。整个国都的人都不知道而我一个人知道日期，我恐怕也危险了。”于是就推说喝醉了酒，并不知道日期。

点　评

明夷代表着光明隐入地中，这是困难、险境的一种象征，即所谓“夷于左股”“获明夷之心”。它所昭示的意义便是如何在困难、险境中生生不息，即“利艰贞”“不可息”。身处险境之中，既需要端正心志，不同流合污，也需要敛藏隐退，不标榜自洁，这种状态即是“内含文明，外显柔顺”，以此行事，虽遇危险，但终获吉祥。

人生不可能一帆风顺，事业不可能一往直前，在无法避免又不可改变的险境中，我们要懂得暂时的隐退，要洞察用晦的深意，只有这样才能化险为夷，以致功德更加昭著。周文王蒙难羑里，箕子生于乱世，所经历的都是危难的险境，因为他们敛藏隐退，也因为他们坚守贞正，所以冲出困境，获得吉祥，这就是“莅众用晦而明”的真谛。

三十三　家人正内

䷤ 离下巽上

家人：利女贞。

初九：闲有家①，悔亡。

六二：无攸遂②，在中馈③，贞吉。

九三：家人嗃嗃④，悔厉，吉；妇子嘻嘻⑤，终吝。

六四：富家，大吉。

九五：王假有家⑥，勿恤⑦，吉。

上九：有孚威如⑧，终吉。

【注释】

①闲：防范，防备。

②遂：自作主张。

③中馈（kuì）：家中饮食。

④嗃嗃（hè）：严厉的样子。

⑤嘻嘻：嬉笑作乐的样子。

⑥假：通“格”，正也。

⑦恤：忧虑。

⑧孚：诚信。

【译文】

《家人》卦：利于女子坚守正道。

初九：家中有防备，没有悔恨。

六二：没有自作主张，在家中操持饮食，坚守贞正吉利。

九三：家主表现出严厉的样子以治其家，虽然有悔有险，但终获吉利。家人整天嬉笑作乐，终究会走向败落。

六四：家庭幸福富有，大吉大利。

九五：君王以美德正于其家，不必忧虑，吉利。

上九：内心诚信，威严庄重，终会吉利。

《象》曰：家人，女正位乎内①，男正位乎外②。男女正，天地之大义也。家人有严君焉③，父母之谓也。父父，子子，兄兄，弟弟，夫夫，妇妇，而家道正。正家而天下定矣。

【注释】

①女正位乎内：阴爻居于《家人》卦下体中位，阴为女，下为内。

②男正位乎外：阳爻居于《家人》卦上体中位，阳为男，上为外。

③君：长，长辈。

【译文】

《彖传》说：《家人》卦，女子居于下体中位，操持家内事务；男子居于上体中位，主持家外事务。男女各自居于正位，符合天地之间的大道理。家里有威严的长辈，就是父母。父亲有父亲的样子，子女有子女的样子，兄长有兄长的样子，弟弟有弟弟的样子，丈夫有丈夫的样子，妻子有妻子的样子，如此家道就严正了。家道严正，而天下安定。

《象》曰：风自火出①，家人。君子以言有物而行有恒。“闲有家”，志未变也。六二之吉，顺以巽也[②]。“家人嗃嗃”，未失也。“妇子嘻嘻”，失家节也。“富家，大吉”，顺在位也[③]。“王假有家”，交相爱也。威如之吉，反身之谓也[④]。

【注释】

①风自火出：《家人》卦上巽下离，巽为风，离为火。

②巽：谦逊。

③在位：四为阴位，阴爻居之，当位。

④反身：反求诸己，严格要求自己。

【译文】

《象传》说：上巽下离，巽为风，离为火，风从火出，就是《家人》卦。君子据此言语有根据，行为有准则。“闲有家”，说明心志没有改变。六二之吉，是因为和顺而又谦逊。“家人嗃嗃”，说明没有失去节度。“妇子嘻嘻”，说明失去了节度。“富家，大吉”，是因为柔顺当位。“王假有家”，说明相互亲爱和睦。“威如”之吉，是反求诸己的结果。

扩展阅读

梁王魏婴觞诸侯于范台[①]。酒酣，请鲁君举觞[②]。鲁君兴，避席择言曰[③]：“昔者帝女令仪狄作酒而美，进之禹，禹饮而甘之，遂疏仪狄，绝旨酒，曰：‘后世必有以酒亡其国者。’齐桓公夜半不嗛[④]，易牙乃煎敖燔炙，和调五味而进之，桓公食之而饱，至旦不觉，曰：‘后必有以味亡其国者。’晋文公得南之威，三日不听朝，遂推南之威而远之，曰：‘后世必有以色亡其国者。’楚王登强台而望崩山[⑤]，左江而右湖，以临彷徨，其乐忘死，遂盟强台而弗登[⑥]，曰：‘后世必有以高台陂池亡其国者。’今主君之尊，仪狄之酒也；主君之味，易牙调也；左白台而右闾须[⑦]，南之威美也；前夹林而后兰台[8]，强台之乐也。有一于此，足以亡其国。今主君兼此四者，可无戒与[9]！”梁王称善相属。

（《战国策·魏二》）

【注释】

①梁王魏婴：梁惠王魏莹，公元前369年—公元前319年在位。觞（shāng）：古代饮酒器，意为宴请、敬酒。

②鲁君：鲁共公，公元前382年—前353年在位。

③择言：选择好的祝酒词。

④嗛（qiè）：满足，饱满。不嗛：饥饿。

⑤强台：章华台，在今湖北潜江县西南。崩山：巫山。

⑥盟：发誓。

⑦白台、闾须：美女名。

⑧夹林、兰台：游观的处所。

⑨戒：警戒，警惕。

【译文】

魏惠王魏婴在范台宴请各国诸侯。酒兴正浓的时候，梁惠王向鲁共公敬酒。鲁共公站起身，离开自己的坐席，选择好的祝酒词说道：“从前，帝的女儿派仪狄酿酒，酒味甘甜醇美。仪狄把酒献给了大禹，大禹喝了之后觉得味道甜美，就疏远了仪狄，戒绝了美酒，说道：‘后代一定有因为美酒而亡掉自己国家的。’齐桓公半夜觉得肚子饿，易牙就煎熬烧烤，调和五味做成了菜肴进献给他，齐桓公吃得很饱，一觉睡到天亮还不醒，后来他说：‘后代一定有因为美味而亡掉自己国家的。’晋文公得到了美女南之威，三天不听朝政，于是就远离了南之威，他说：‘后代一定有因为美色而亡掉自己国家的。’楚王登上强台远望巫山，左边是长江，右边是大湖，登临徘徊，快乐得忘记了生死，于是发誓不再登临强台，他说：‘后代一定有因为高台水池而亡掉国家的。’现在您酒杯里盛的是仪狄的美酒；您的食物是易牙烹调出来的美味；您左边的白台，右边的闾须，都是南之威一样的美女；您前边有夹林，后边有兰台，如同登临强台一样快乐。这四者中占有一种，就足可以灭亡国家。现在您兼有这四种，能不警戒吗？”梁惠王听后连连称好。

点评

《家人》卦强调正内，这既包括对自身的要求，即心怀诚信、威严庄重，也包括对妻子子女的要求，即“闲有家”“家人嗃嗃”，所以《家人》卦暗含的就是修身、齐家，乃至平天下的道理，即所谓“正家而天下定”。正内的起点在于自身，反求诸己，防备患难，才能没有悔恨。正家的关键在于戒惧守度，家人持守节度，即便遇到困难，最终还会吉祥；相反，家人违礼越度，终日嬉笑作乐，家道终究会走向衰落。正家的目标在于“家富”，家庭美满，生活幸福，才是大吉大利的好事。

鲁共公的祝酒词就是要告诫梁惠王正内，他例举大禹与美酒、齐桓公与美味、晋文公与美女、楚王与美景楼台都是为了说明执政者要懂得戒惧，懂得端正内心，这样才能长有国家，否则必然身亡国灭。

三十四　睽卦存异

䷥ 兑下离上

睽[①]：小事吉。

初九：悔亡。丧马勿逐自复[②]。见恶人，无咎。

九二：遇主于巷，无咎。

六三：见舆曳[③]，其牛掣[④]，其人天且劓[⑤]，无初有终。

九四：睽孤[⑥]，遇元夫[⑦]，交孚[⑧]，厉，无咎。

六五：悔亡。厥宗噬肤[⑨]，往何咎？

上九：睽孤，见豕负涂[⑩]，载鬼一车[⑪]，先张之弧，后说之弧[⑫]，匪寇，婚媾。往遇雨则吉。

【注释】

①睽（kuí）：乖离，怪异，矛盾，对立。

②复：返回。

③舆：大车。　曳：拖拉。

④掣（chè）：吃力拉车的样子。

⑤天：通“颠”，额头，古代的一种刑罚，在额头上刺字。劓（yì）：古代的一种刑罚，割掉了鼻子。

⑥孤：单身一人，孤单行路。

⑦元夫：国君。

⑧孚：诚信。

⑨噬：吃，咬。　肤：肥嫩的鲜肉。

⑩负涂：背上有泥。

⑪鬼：这里指用图腾打扮的人。

⑫说：通“脱”，放下。

【译文】

《睽》卦：小事吉利。

初九：没有悔恨。马跑了，不必去追，它会自己回来。见到恶人，不用害怕，没有什么灾祸。

九二：在巷子里遇到主人，没有什么灾祸。

六三：看见大车被拖着前行，拉车的牛吃力不进；赶车的人额头被刺了字，鼻子也被割掉了。开始不太顺利，终究平安无事。

九四：孤身一人遇到国君，相互信任。虽有危险，最终却没有灾难。

六五：没有悔恨。同族的人吃着肥嫩的鲜肉，走上前去，哪会有什么灾祸？

上九：孤身赶路，看到一头猪，背上有泥；一辆大车满载着像鬼怪一样的人，先张开弓箭，后来又把弓箭放下。这些人不是强盗，而是迎亲的队伍。继续前行，天下起了雨，平安吉利。

《彖》曰：睽，火动而上①，泽动而下②。二女同居③，其志不同行④。说而丽乎明⑤，柔进而上行⑥，得中而应乎刚⑦，是以“小事吉”。天地睽而其事同也。男女睽而其志通也。万物睽而其事类也，睽之时用大矣哉！

【注释】

①火动而上：《睽》卦上为离，离为火。

②泽动而下：《睽》卦下为兑，兑为泽。

③二女同居：离、兑代表着女性，组成《睽》卦，所以说同居。

④志：组建家庭的心志。

⑤说：通“悦”，和悦。　丽：附丽。

⑥柔进而上行：阴爻居于三、五位，逐渐上升。

⑦得中：五为中位，阴爻居之。　应乎刚：五位的阴爻与二位的阳爻相应。

【译文】

《象传》说：《睽》卦，火苗上动，泽水下流。两女虽然同居，但心志无法一致。和悦而依附于光明，阴柔前进而上升，居于中位又与阳刚相应和，所以“小事吉”。天地对立而化育万物的事业相同。男女对立而组建家庭的心志相通。万物不同而它们生长的情况相类，矛盾对立，因时而用，意义深远重大！

《象》曰：上火下泽，睽。君子以同而异。“见恶人”，以辟咎也①。“遇主于巷”，未失道也。“见舆曳”，位不当也②。“无初有终”，遇刚也③。“交孚，无咎”，志行也。“厥宗噬肤”，往有庆也。“遇雨之吉”，群疑亡也④。

【注释】

①辟：通“避”。

②位不当：三为阳位，阴爻居之。

③遇刚：三位的阴爻与上位的阳爻相应。

④群疑：一切疑虑。　亡：没有。

【译文】

《象传》说：上离下兑，离为火，兑为泽，上火下泽，就是《睽》卦。君子据此求同存异。“见恶人”，是为了避免招致灾祸。“遇主于巷”，说明没有丧失正道。“见舆曳”，说明居位不当。“无初有终”，说明与阳刚相应。“交孚，无咎”，说明心志相同而前行。“厥宗噬肤”，说明前行必有吉庆。“遇雨之吉”，说明一切疑虑都消失了。

扩展阅读

近塞上之人，有善术者[①]，马无故亡而入胡[②]。人皆吊之[③]，其父曰：“此何遽不为福乎[④]？”居数月，其马将胡骏马而归。人皆贺之，其父曰：“此何遽不为祸乎？”家富良马，其子好骑，堕而折其髀[⑤]。人皆吊之，其父曰：“此何遽不为福乎？”

居一年，胡人大入塞，丁壮者引弦而战。近塞之人，死者十九。此独以跛之故，父子相保。故福之为祸，祸之为福，化不可极[⑥]，深不可测也。”

（《淮南子·人间训》）

【注释】

①术：术数。

②亡：逃跑。
③吊：慰问不幸的事。
④不：不能。
⑤髀（bì）：大腿。
⑥极：尽，玄妙。

【译文】

靠近边塞的居民中，有一位精通术数的老人，他家的马无缘无故跑到胡人那里去了。邻人都来安慰他，老人说：“这事难道不能变成好事吗？”过了几个月，逃走的马领着一群胡人的骏马回来了。邻人都来庆贺，老人说：“这事难道不能变成祸害吗？”老人家中从此有了很多良马，他儿子喜欢骑马，有一次坠下马折断了腿。邻人又来安慰，老人又说：“这件事为什么不能变成福事呢？”

过了一年，胡人大举进犯边塞，壮年男子都拿起武器作战，边塞的居民死去了十分之九。唯独这家人因为儿子腿跛，父子都保住了性命。所以说福变成祸，祸变成福，这其中的变化极为玄妙，深不可测。

点评

《睽》卦上火下泽，卦象乖离对立，途中遇到的事情也奇怪异常：马匹丢失，还遇到恶人；见到停滞不前的牛车，赶车的人额头被刺，鼻子被割；遇到一车鬼怪装扮的人，张弓搭箭又放下，更为奇异的是碰到这些不是“无咎”，就是吉祥。过程乖离，结果平安，所以《睽》卦告诉我们的就是对立中蕴涵着统一，怪异中包含着常道。这就像天地对立而生养万物，男女对立而组建家庭，一切都在相生相克中生生不息。所以，接人待物之时，应注意求同存异，即在对立的情形中寻求共同，尊重不同。塞翁失马的故事，不仅说明了福祸相因、吉凶转化，更表明失得之间，明智的求同和大度的存异才是真正的吉利。

三十五　蹇卦换向

䷦ 艮下坎上

蹇[①]：利西南，不利东北。利见大人。贞吉。

初六：往蹇来誉[②]。

六二：王臣蹇蹇[③]，匪躬之故[④]。

九三：往蹇来反[⑤]。

六四：往蹇来连[⑥]。

九五：大蹇朋来[⑦]。

上六：往蹇来硕[⑧]，吉，利见大人。

【注释】

①蹇（jiǎn）：艰难。

②誉：荣誉。

③蹇蹇：极为艰难，难上加难。

④匪：通“非”。躬：自己。

⑤反：相反，意为平平安安。

⑥连：艰难。

⑦朋：朋贝，货币，财物。

⑧硕：大。

【译文】

《蹇》卦：利于向西南方走，不利于向东北方走。有利于出现大人，坚守贞正吉利。

初六：前往时遇到艰难，回来时获得荣誉。

六二：王公大臣处境极为艰难，不是他们自身的缘故。

九三：前往时艰难，回来时平平安安。

六四：前往时艰难，回来时又遭遇艰难。

九五：前往时重重艰难，回来时获得财物。

上六：前往时艰难，回来时成果丰硕。吉利，利于出现大人。

《彖》曰：蹇，难也，险在前也①。见险而能止②，知矣哉③！“蹇，利西南”，往得中也。“不利东北”，其道穷也。“利见大人”，往有功也。当位“贞吉”，以正邦也。蹇之时用大矣哉！

【注释】

①险在前：《蹇》卦上为坎，坎为险。

②止：《蹇》卦下为艮，艮为止。

③知：明智。

【译文】

《彖传》说：《蹇》卦，艰难，险境就在前面。知道危险能够停止不前，便是明智！“蹇，利西南”，因为前往符合中道。“不利东北”，因为道路不通。“利见大人”，说明前往能够建功。居位正当“贞吉”，说明能够整饬邦国。艰难在前，因时而用，意义重大！

《象》曰：山上有水①，蹇。君子以反身修德。“往蹇来誉”，宜待也②。“王臣蹇蹇”，终无尤也③。“往蹇来反”，内喜之也。“往蹇来连”，当位实也[④]。“大蹇朋来”，以中节也。“往蹇来硕”，志在内也。“利见大人”，以从贵也[⑤]。

【注释】

①山上有水：《蹇》卦下艮上坎，艮为山，坎为水。

②宜待：宜时。

③尤：过错，过失。

④当位：四为阴位，阴爻居之。

⑤从：追随。

【译文】

《象传》说：下艮上坎，艮为山，坎为水，山上有水，就是《蹇》卦。君子据此反省自身，修习美德。“往蹇来誉”，说明合乎时宜。“王臣蹇蹇”，说明始终没有过失。“往蹇来反”，内心值得欣喜。“往蹇来连”，因为当位而且诚实。“大蹇朋来”，是因为具有中正的节操。“往蹇来硕”，说明内心具有坚定的意志。“利见大人”，说明追随尊贵的人。

扩展阅读

大王亶父居邠[①]，狄人攻之。事之以皮帛而不受，事之以犬马而不受，事之以珠玉而不受，狄人之所求者土地也。大王亶父曰：“与人之兄居而却杀其弟，与人之父居而杀其子，吾不忍也。子皆勉居矣！为吾臣与为狄人臣奚以异！且吾闻之，不以所用养害所养。”因杖筴而去之[②]。民相连而从之[③]，遂成国于岐山之下[④]。夫大王亶父，可谓能尊生矣。能尊生者，虽贵富不以养伤身，虽贫贱不以利累形。今世之人居高官尊爵者，皆重失之，见利轻亡其身，岂不惑者！

（《庄子·让王》）

【注释】

①大王亶（dǎn）父：古公亶父，周文王的祖父，周武王时追尊为太王。邠（bīn）：通“豳”，地名，在今陕西省旬邑县。

②筴（cè）：策杖。

③相连：人连人，车连车。

④岐山：在今陕西省宝鸡市境内。

【译文】

太王亶父居住在邠地，狄人攻打他。亶父敬献兽皮和布帛，狄人不接受；敬献猎犬和宝马，狄人不接受；敬献珠宝和玉器，狄人还不接受，狄人所要的是土地。太王亶父说：“跟别人的兄长住在一起却杀死他的弟弟，跟别人的父亲住在一起却杀死他的子女，我不忍心这样做。你们都勉力居住在这里吧！做我的臣民和做狄人的臣民有什么不同呢！而且我还听说，不要因为养人的土地而伤害生养的人民。”于是拄着策杖离开了邠地。邠地的百姓人连着人、车连着车跟随他，于是在岐山之下建立起一个新都城。太王亶父，可以说最能珍重生命了。能够珍视生命的人，即使富贵也不会因贪恋俸养而伤害身体，即使贫贱也不会因追逐私利而劳累身体。当今世上的人们居于高官显位的，都时时担忧失去它们，见到利禄就不顾自己的性命，这难道不很糊涂吗？

点评

《蹇》卦下艮上坎，山中有水，象征着艰难。面对艰难的处境，我们可能采取两种态度：一种是迎难而上，另一种是“知难而退”，两者相反，但目的极为一致，即摆脱困境，顺利前行。面对暂时的艰难处境，我们需要迎难而上的勇气，因为执着的勇气能够克服一时的困难。而面对无法抗拒的艰难处境，盲目急躁地一往直前显然是愚蠢的，“见险而能止”，无疑是明智的选择，因为前行的道路不通，就需要停下来慎重思索，乃至转移努力的目标、改变前进的方向，这就是“利西南，不利东北”所暗含的深意。

面对狄人的侵扰和刁难，古公亶父的做法显然更为明智：出现困境，他首先采取多种办法解决；当用尽一切办法都无法奏效时，他转换了方向，选择了退避。因为尊生爱民，人们“相连而从之”，乃至“成国于岐山之下”，于是古公亶父的退避，反而成了最好的前进。

三十六 解卦除险

䷧ 坎下震上

解：利西南。无所往，其来复[①]，吉。有攸往，夙吉[②]。

初六：无咎。

九二：田获三狐[③]，得黄矢[④]，贞吉。

六三：负且乘[⑤]，致寇至，贞吝。

九四：解而拇[⑥]，朋至斯孚[⑦]。

六五：君子维有解[⑧]，吉，有孚于小人[⑨]。

上六：公用射隼于高墉之上[⑩]，获之，无不利。

【注释】

①复：返回。

②夙：早。

③田：田猎。

④黄矢：铜箭头。

⑤负：背负。　乘：乘车。

⑥拇：脚趾。

⑦朋：财物。

⑧维：系，捆绑。

⑨孚：取信，验证。

⑩隼（sǔn）：鹰。　高墉：高大的城墙。

【译文】

《解》卦：利于向西南方走。无目的前往，不如返回，吉利。有目的前往，早去吉利。

初六：没有灾祸。

九二：田猎获得三只狐狸，另得到铜箭头。坚守贞正吉利。

六三：背着货物乘坐在大车上，必然招来强盗的抢劫。坚守贞正以防危难。

九四：舒展脚趾，获得了财物，心中要有诚信。

六五：君子被捆绑后又被解开，吉利。这从小人的退却得到验证。

上六：王公贵族在高高的城墙上射中一只鹰，抓住了它。无所不利。

《彖》曰：解，险以动①，动而免乎险，解。"解，利西南"，往得众也。"其来复，吉"，乃得中也②。"有攸往，夙吉"，往有功也。天地解而雷雨作③，雷雨作而百果草木皆甲坼④。解之时大矣哉！

【注释】

①险以动：《解》卦下坎上震，坎为险，震为动。

②得中：阳爻、阴爻各居中位。

③雷雨：震为雷，坎为雨。　作：兴起。

④甲：皮壳。　坼（chè）：开裂，生长。

【译文】

《彖传》说：《解》卦，因危险而行动，因行动而免除危险，就是解除。"解，利西南"，因为前往能够获得民众。"其来复，吉"，因为符合中道。"有攸往，夙吉"，说明前往会有功劳。天地解冻而雷雨兴起，雷雨兴起而百果草木都发芽生长。《解》卦因时而用，意义重大！

《象》曰：雷雨作，解。君子以赦过宥罪①。刚柔之际，义无咎也②。九二贞吉，得中道也③。“负且乘”，亦可丑也。自我致戎④，又谁咎⑤也？“解而拇”，未当位也⑥。君子有解，小人退也。“公用射隼”，以解悖也⑦。

【注释】

①宥（yòu）：宽恕，原谅。

②义：犹“理”。

③得中道：阳爻居于中位。

④戎：寇盗。

⑤咎：归罪。

⑥未当位：四为阴位，阳爻居之。

⑦悖：叛乱。

【译文】

《象传》说：雷雨兴起，就是《解》卦。君子据此赦免过失，宽恕罪过。刚柔相接之际，意思是没有灾祸。九二贞吉，是因为符合中道。“负且乘”，说明很不光彩。自我招来寇盗，又能归罪于谁呢？“解而拇”，说明居位不当。“君子有解”，说明小人退却。“公用射隼”，说明解除了叛乱。

扩展阅读

令既具①，未布②，恐民之不信，已乃立三丈之木于国都市南门，募民有能徙置北门者予十金③。民怪之，莫敢徙。复曰“能徙者予五十金”。有一人徙之，辄予五十金[④]，以明不期。卒下令。

令行于民期年[⑤]，秦民之国都言初令之不便者以千数。于是太子犯法。卫鞅曰：“法之不行，自上犯之。”将法太子[⑥]。太子，君嗣也，不可施刑，刑其傅公子虔，黥其师公孙贾[⑦]。明日，秦人皆趋令[⑧]。行之十年，秦民大说，道不拾遗，山无盗贼，家给人足。民勇于公战，怯于私斗，乡邑大治。

（《史记·商君列传》）

【注释】

①具：准备好。

②布：颁布，公布。

③徙：移走，搬走。

④辄：立即。

⑤期年：一整年。

⑥法：处罚，治罪。

⑦黥（qíng）：墨刑，在脸上刺字。

⑧趋令：遵守法令。

【译文】

新法已经准备好，还没公布，卫鞅恐怕百姓不相信，于是就在国都市场的南门前竖起一根三丈长的木头，招募百姓说谁能把木头扛到北门就赏十金。百姓觉得这件事很奇怪，没有人敢动。又宣布说："谁能把木头扛到北门赏五十金。"有一个人把它扛到了北门，立即就给了他五十金，以此表明绝不欺骗。接着就颁布了新法。

在新法施行了整一年后，秦国老百姓到国都说新法不好的人数以千计。正在这时，太子触犯了新法。卫鞅说："新法不能顺利推行，就是因为上层人触犯它。"将依新法处罚太子。但太子是国君的继承人，又不能施以刑罚，于是就处罚了太傅公子虔，还在太师公孙贾脸上刺了字。第二天，秦国人就都执行新法了。新法推行了十年，秦国百姓都非常高兴，路上丢了东西没人拾，山林里没有盗贼，家家富裕充足。人们勇于为国家打仗，不敢为私利争斗，乡村、城镇一片太平。

点评

《解》卦下坎上震，坎为险，震为动，所以卦象是通过行动解除危险，即"动而免乎险"。面对险境，需要行动，但是，不是任何行动都能解除险境，盲目的行动还不如返回，准备充分的行动才能取得功效，获得吉祥。除险需要低调，背着财物登上大车，不但行为丑陋，还会招来抢劫。除险更需要诚信、执著，"解而拇"才能"朋至"，"有孚"才能吉利。商鞅很懂得这一点，所以颁布法令之前先"立木为信"。解险也需要刑罚，适时运用"射隼于高墉"，不但解除险境，而且无往而不利。商鞅之所以处罚太子，不仅仅为了昭示国人"法令必行"，更在于争取民众，因为只有"往得众"，才能大行其志。

三十七　损卦减损

䷨ 兑下艮上

损[1]：有孚，元吉，无咎。可贞，利有攸往。曷之用[2]？二簋可用享[3]。

初九：已事遄往[4]，无咎。酌损之[5]。

九二：利贞。征凶，弗损益之。

六三：三人行则损一人，一人行则得其友。

六四：损其疾[6]，使遄有喜，无咎。

六五：或益之十朋之龟[7]，弗克违[8]，元吉。

上九：弗损益之，无咎，贞吉，利有攸往，得臣无家[9]。

【注释】

①损：减损。

②曷：何。

③簋（guǐ）：古代盛食物的器具。　二簋：祭祀多用八簋、四簋，用二簋比较简约。　用享：祭祀。

④已：通“祀”，祭祀。　遄（chuán）：赶快。

⑤酌：酌情。

⑥疾：过失，过错。

⑦十朋之龟：价值昂贵的大龟。

⑧违：推辞，拒绝。

⑨无家：不顾私家。

【译文】

《损》卦：心有诚信，大吉大利，没有灾祸，持守贞正，利于远行。何以用之？用两盘祭品就可以祭祀神灵。

初九：祭祀大事，赶快去参加，没有灾祸。可以酌情减省祭品。

九二：利于坚守贞正，出兵征伐，凶险。不可减损，要增加。

六三：三人同行必有一人离去，一人独行可以得到朋友。

六四：减少过失，赶快办有喜事，没有灾祸。

六五：有人送来价值十朋的大宝龟，无法推辞，大吉大利。

上九：不可减少，就增加，没有灾祸，坚守贞正吉利。利于远行，不顾私家，可以获得天下人的臣服。

《彖》曰：损，损下益上①，其道上行②。损而有孚，元吉，无咎，可贞。“利有攸往，曷之用？二簋可用享”，二簋应有时。损刚益柔有时，损益盈虚③，与时偕行。

【注释】

①损下益上：《损》卦下兑上艮，兑为泽，艮为山，挖泽为山，所以减下益上。

②其道上行：阳爻在初、二、上，阴爻在三、四、五，逐渐上升。

③盈：充盈。　虚：空虚。

【译文】

《彖传》说：《损》卦，减损下方，增益上方，利益之道向上方移行。心有诚信的减损，大吉大利，没有灾祸，持守贞正。“利有攸往，曷之用？二簋可用享”，说明根据时势用二簋。减损刚强，增益柔弱，因时而用。或减损，或增益，或盈满，或亏虚，须于适宜时间进行。

《象》曰：山下有泽，损。君子以惩忿窒欲[①]。“已事遄往”，尚合志也。“九二利贞”，中以为志也[②]。“一人行”，三则疑也。“损其疾”，亦可喜也。六五元吉，自上佑也。“弗损，益之”，大得志也[③]。

【注释】

①惩：戒止。窒：抑制。

②中：二为中位，阳爻居之。

③大得志：阳爻居于上位，而能增益，说明得志于天下。

【译文】

《象传》说：艮上兑下，艮为山，山为泽，山下有泽，就是《损》卦。君子据此戒止忿怒，抑制贪欲。“已事遄往”，说明以心志相合为尚。“九二利贞”，说明以坚守中道为志。“一人行”，三个人必然产生疑虑。“损其疾”，是可喜的事情。六五元吉，来自上天的保佑。“弗损，益之”，说明心志得以广泛施行。

扩展阅读

先王有大务，去其害之者[①]，故所欲以必得，所恶以必除，此功名之所以立也。俗主则不然，有大务而不能去其害之者，此所以无能成也。夫去害务与不能去害务，此贤不肖之所以分也[②]。使獐疾走[③]，马弗及至[④]，已而得者，其时顾也[⑤]。骥一日千里[⑥]，车轻也；以重载则不能数里，任重也。贤者之举事也，不闻无功，然而名不大立、利不及世者⑦，愚不肖为之任也⑧。

（《吕氏春秋·博志》）

【注释】

①去：除去。

②分：区别，区分。

③疾：快速。

④及：追赶，追上。

⑤顾：回头。

⑥骥（jì）：好马。

⑦及：传及。

⑧任：负担，拖累。

【译文】

先王有了大事，就要消除妨害它的因素，所以所要求的一定能得到，所厌恶的一定能除掉，这是功成名立的原因。平庸的君主却不是这样，有了大事却不能消除妨害它的因素，这是他不能成功的原因。能不能消除妨害事务的因素，这是贤能和不肖的区别所在。假使獐飞快地奔逃，马也追不上。但是不久就被捕获，这是因为它时时回头张望。好马日行千里，是因为车轻，拉重载就一天走不了几里，是因为负担重。贤能的人做事，不会没有成效，但是名声不能显赫、福泽不能传及后世，是因为愚蠢不肖的人做了他的拖累。

点 评

《损》卦上艮下兑，艮为山，兑为泽，山下有泽，湖泽浸山，所以减损；又因挖湖为山，所以增益。这就是损中有益，益中有损，所以爻辞多次说“弗损益之”。“损益盈虚”，因时而用，这样不但“无咎”，还会获得“元吉”；违反时宜的盲目损益，不但充满疑虑，还会遇到凶险。损益的关键在于区分善恶，损恶益善才是真正的喜事，所以“损其疾”有喜，“益之龟”元吉。君子之所以“惩忿窒欲”，目的也是在于修养善行、减损过失。执政治国不但要任用贤能，更要懂得减损不肖，这样才能“得臣无家”，推行心志。同样，成就事业也需要“损其疾”，这样才能去除阻碍，顺利前行。

三十八　益卦日进

䷩ 震下巽上

益：利有攸往，利涉大川。

初九：利用为大作[①]，元吉，无咎。

六二：或益之十朋之龟[②]，弗克违。永贞吉。王用享于帝，吉。

六三：益之用凶事，无咎。有孚中行[③]，告公用圭[④]。

六四：中行告公，从，利用为依迁国[⑤]。

九五：有孚惠心[⑥]，勿问[⑦]，元吉。有孚，惠我德。

上九：莫益之，或击之，立心勿恒[⑧]，凶。

【注释】

①大作：大兴土木。

②十朋之龟：价值昂贵的大宝龟。

③中行：中行氏，周成王时的大臣。

④告：报告，禀告。　公：周公。

⑤依：通“殷”，殷商遗民。　迁国：迁至东都洛阳。

⑥惠心：心怀恩惠。

⑦问：卜问，占卜。

⑧恒：坚定。

【译文】

《益》卦：利于远行，利于渡过大江大河。

初九：利于大兴土木，大吉大利，没有灾祸。

六二：有人送来价值十朋的大宝龟，无法推辞。长久持守贞正吉利。王者祭祀天帝，吉利。

六三：增益，用于天灾人祸的凶险之事，心怀诚信，中行氏禀告周公使用玉圭。

六四：中行氏禀告周公，得到采纳，利于把殷商遗民迁至洛阳都城。

九五：内心诚信，怀有恩惠，不必卜问，就是大吉大利。心怀诚信，他们会感激我的恩惠。

上九：没有人增益帮助，反而来攻击。内心不坚定，必然招致凶险。

《彖》曰：益，损上益下①，民说无疆②。自上下下，其道大光。“利有攸往”，中正有庆③。“利涉大川”，木道乃行④。益动而巽，日进无疆。天施地生，其益无方⑤。凡益之道，与时偕行。

【注释】

①损上益下：《益》卦上巽下震，巽为阴，震为阳，阴为下，阳为上，卦象阴上阳下，所以损上益下。

②说：通“悦”，喜悦。

③中正：阴爻、阳爻居于中位。

④木道：木船航行。

⑤无方：没有方域限制。

【译文】

《彖传》说：《益》卦，减损上方，增益下方，民众无限喜悦。损上增下，此道必然发扬光大。“利有攸往”，说明持守中正必有喜庆。“利涉大川”，因为有船可以通行。顺动增益而且谦逊，日益上进没有止境。上天施惠大地生养，这样的增益没有方域限制。增益之道，与时并行。

《象》曰：风雷[①]，益。君子以见善则迁[②]，有过则改。“元吉无咎”，下不厚事也[③]。“或益之”，自外来也。“益用凶事”，固有之也[④]。“告公，从”，以益志也。“有孚惠心”，勿问之矣。“惠我德”，大得志也。“莫益之”，偏辞也[⑤]。“或击之”，自外来也。

【注释】

①风雷：《益》卦上巽下震，巽为风，震为雷。

②迁：追随。

③下：处于下位的民众。　厚：深。

④固：本来。

⑤偏：通“谝（piǎn）”，巧言，假设。

【译文】

《象传》说：上巽下震，巽为风，震为雷，风雷相助，就是《益》卦。君子据此见善思齐，有过就改。“元吉无咎”，因为处在下位的没有承担过分沉重的劳役。“或益之”，说明增益来自外部。“益用凶事”，是本应该做的事。“告公，从”，这会增加忠于王室的心志。“有孚惠心”，说明不需要卜问。“惠我德”，说明心志广为推行。“莫益之”，这是假设的说法。“或击之”，说明打击来自外部。

扩展阅读

鲁欲使乐正子为政[1]。孟子曰："吾闻之，喜而不寐。"公孙丑曰："乐正子强乎？"曰："否。""有知虑乎[2]？"曰："否。""多闻识乎？"曰："否。""然则奚为喜而不寐？"曰："其为人也好善。"

"好善足乎？"曰："好善优于天下，而况鲁国乎？夫苟好善，则四海之内皆将轻千里而来告之以善；夫苟不好善，则人将曰：'訑訑[3]，予既已知之矣。'訑訑之声音颜色距人于千里之外[4]。士止于千里之外，则谗谄面谀之人至矣。与谗谄面谀之人居，国欲治，可得乎？"

（《孟子·告子下》）

【注释】

①乐正子：孟子的弟子。

②知：通"智"，智慧。　虑：谋略。

③訑訑（yí）：听别人意见时的不耐烦声音。

④距：通"拒"，拒绝。

【译文】

鲁国想让乐正子管理国家政事。孟子说："我听了这消息，高兴得睡不着。"公孙丑问："乐正子刚强吗？"孟子答："不刚强。""有智慧谋略吗？"答："没有。""见多识广吗？"答："不是。"于是，公孙丑说："既然这样，为什么高兴得睡不着呢？"孟子答："他这个人啊，爱听好意见。"

"爱听好意见就够了吗？"孟子说："爱听好意见，治理天下就绰绰有余，何况治理一个鲁国？如果爱听好意见，那么天下的人都愿意不远千里地赶来把好意见告诉他；如果不爱听好意见，那么人们就会模仿他的腔调说：'唔唔，我早就知道了。'这种腔调脸色早把别人拒绝在千里之外了。士人千里之外止步不来，那么喜欢进谗言和阿谀献媚的人就会凑到跟前。同这帮人混在一起，想治理好国家，可能吗？”

点评

《益》卦上巽下震，巽为风，震为雷，风雷相助，象征着增益，这是“损上益下”的增益，也即是“损有余而补不足”，对此民众当然欢呼雀跃，王道也由此发扬光大，所以“损上益下”的结果往往是“上下皆益”。这也是“有孚惠心”不需要占卜，就能得到大吉大利的原因。同时，巽为顺，震为动，行动谦逊和顺，意志坚定有恒，前行的结果不是顺利“无疆”，就是“元吉”。执政者运用增益之道在于“见善则迁”闻过而改，这样不仅可以逢凶化吉，还能使民众“惠我德”，进而大得其志，拥有天下四方。孟子所说的“好善”就是增益之道：进贤乐善，“四海之内皆将轻千里而来告之以善”，这才是真正的“知虑”；反之，自以为是，刚愎自用，必将拒人以千里之外，如此还想获得吉祥，简直是痴人说梦。

三十九　夬卦防范

䷪ 乾下兑上

夬[①]：扬于王庭[②]，孚号“有厉”[③]，告自邑“不利即戎”[④]。利有攸往。

初九：壮于前趾[⑤]，往不胜为咎。

九二：惕号[⑥]，莫夜有戎[⑦]，勿恤[⑧]。

九三：壮于頄[⑨]，有凶。君子夬夬独行[⑩]，遇雨若濡[⑪]，有愠无咎。

九四：臀无肤[⑫]，其行次且[⑬]。牵羊，悔亡。闻言不信。

九五：苋陆夬夬[⑭]，中行，无咎。

上六：无号，终有凶。

【注释】

①夬（guài）：卦名，象征决断。

②扬：宣布。

③孚号：诚恳地号令。

④戎：战事。

⑤壮：通“戕”，受伤。　趾：脚趾。

⑥惕号：号令警惕。

⑦莫：通“暮”。

⑧恤：担忧。

⑨頄（qiú）：脸部颧骨。

⑩夬夬：十分果断。

⑪濡（rú）：淋湿。

⑫无肤：受伤。

⑬次且：通“趑趄”（zī jū），行走困难的样子。

⑭苋（xiàn）陆：商陆，多年生草本植物，嫩叶可食，草根有毒，可供药用。

【译文】

《夬》卦：在朝堂上宣布，诚恳地号令“戒备危险”。昭告城邑：“不利出击，严密防范。”利于出行。

初九：足趾的前端受伤，冒然前往不会取胜，会有咎难。

九二：号令警惕，即使夜晚敌人来犯，也不必担忧。

九三：脸上颧骨受了伤，有凶险。君子果断，独行遇到下雨淋湿了全身，心生不悦，但没有灾祸。

九四：臀部受了伤，走路艰难。牵羊前往，没有悔恨。听到忠告，没有信从。

九五：商陆柔脆，在路中间行走，不会有灾祸。

上六：不警惕戒惧，终有凶险。

《彖》曰：夬，决也，刚决柔也。健而说[①]，决而和。“扬于王庭”，柔乘五刚也[②]。“孚号‘有厉’”，其危乃光也[③]。“告自邑‘不利即戎’”，所尚乃穷也[④]。“利有攸往”，刚长乃终也[⑤]。

【注释】

①说：通“悦”，和悦，心悦。

②柔乘：阴爻在阳爻之上。 五刚：夬卦有五个阳爻。

③光：广为人知。

④尚：通“上”。 穷：道路穷尽。

⑤刚长：夬卦初、二、三、四、五都是阳爻。

【译文】

《彖传》说：《夬》卦，决断，阳刚决断阴柔。刚健而心悦，决断而和平。“扬于王庭”，表示阴爻在五个阳爻之上。“孚号‘有厉’”，说明危险广为人知。“告自邑‘不利即戎’”，因为那样道路不通。“利有攸往”，说明阳刚长久，一直到结束。

《象》曰：泽上于天[1]，夬。君子以施禄及下，居德则忌[2]。不胜而往，咎也。“有戎勿恤”，得中道也[3]。“君子夬夬”，终无咎也。“其行次且”，位不当也[4]。“闻言不信”，聪不明也。“中行无咎”，中未光也[5]。“无号之凶”，终不可长也。

【注释】

①泽上于天：《夬》卦上兑下乾，兑为泽，乾为天。

②忌：忌恨。

③得中道：二为中位，阳爻居之。

④位不当：四为阴位，阳爻居之。

⑤光：光大。

【译文】

《象传》说：上兑下乾，兑为泽，乾为天，泽上于天，就是《夬》卦。君子据此广施恩禄于下民，不可自居有德，以防忌恨。前往而不能取胜，必然获咎。“有戎勿恤”，说明合乎中道。“君子夬夬”，终究没有祸害。“其行次且”，因为居位不当。“闻言不信”，说明不能审明事理。“中行无咎”，说明中道还没有发扬光大。“无号之凶”，终究不会持续长久。

扩展阅读

凡将举事，令必先出。曰事将为，其赏罚之数[①]，必先明之。立事者，谨守令以行赏罚，计事致令[②]，复赏罚之所加。有不合于令之所谓者，虽有功利，则谓之专制，罪死不赦。首事既布[③]，然后可以举事。

（《管子·立政》）

【注释】

①数：规定。

②计：总结。　致：汇报。

③首事：法令。

【译文】

凡是准备兴办事项，法令一定先出。将要做什么事情，必须先明确赏罚的规定。负责办事的人总是要严守法令以进行赏罚，总结工作回复命令时，也要上报执行赏罚的情况。如果办事不合于法令的意旨，即使事有成效，也叫做独断专行，罪行当死，不得赦免。举事法令公布之后，就可以照此办事了。

点　评

《夬》卦下乾上兑，乾为刚，兑为柔，阳刚盛于阴柔，所以卦象代表着决断、果敢，利于发号施令，这也是卦辞、爻辞多次提到“号”的原因。发布号令是举事之首，所以《管子》称之为“首事”，举事是否顺当，是否获得预期的结果，往往与号令有关：正确的号令，即“孚号”，“利有攸往”，会取得成效；错误的号令，虽前进也不会取得成效，即“往不胜为咎”。号令的功能还在于警惕、谨慎，这样即使遇到险境，也不必过于担心。办事如果没有号令，行动就会盲目，一直下去终会遇到凶险。正确的号令发布之后，应该严格执行，即“谨守令以行赏罚”，否则一意孤行“闻言不信”，必然要受到惩罚。

四十 姤卦咸章

☴ 巽下乾上

姤[①]：女壮，勿用取女[②]。

初六：系于金柅[③]，贞吉。有攸往，见凶，羸豕孚蹢躅[④]。

九二：包有鱼[⑤]，无咎，不利宾。

九三：臀无肤，其行次且，厉，无大咎。

九四：包无鱼，起凶[⑦]。

九五：以杞包瓜[⑦]，含章[⑧]，有陨自天[⑨]。

上九：姤其角[⑩]，吝，无咎。

【注释】

①姤（gòu）：遇合，相遇。

②取：通“娶”。

③金柅（nǐ）：金属制成的刹车。

④羸（léi）：通“累”，绳索。　孚：内心。　蹢躅：同“踯躅”（zhí zhú），徘徊不前的样子。

⑤包：通“庖”，厨房。

⑥起：兴起，行动。

⑦杞：杞柳。　包：护。

⑧章：有文采。

⑨陨：降下，落下。

⑩角：角斗。

【译文】

《姤》卦：女子过于强盛，不宜娶作妻子。

初六：系于金属制成的刹车，坚守贞正吉利。冒然出门远行，会遇到凶险。就像被捆绑的猪一样躁动不安。

九二：厨房里有鱼，没有灾祸。不利于宴请宾客。

九三：臀部受了伤，行路艰难。有危险，但没有大灾祸。

九四：厨房没有鱼，有所行动就凶险。

九五：杞柳枝叶护着树下甜瓜，内有质地外有文采，这种遇合从天而降。

上九：遇到角斗，危险，但没有灾祸。

《彖》曰：姤，遇也，柔遇刚也[①]。“勿用取女”，不可与长也。天地相遇，品物咸章也[②]。刚遇中正[③]，天下大行也。姤之时义大矣哉！

【注释】

①柔遇刚：《姤》卦阴爻居于初位，上行与阳爻相遇。

②咸：都。

③刚遇中正：阳爻居于二、五中位。

【译文】

《彖传》说：《姤》卦，遇合，阴柔遇到阳刚。“勿用取女”，因为难以相处长久。天地相遇，化生万物，丰富多彩。阳刚与中正遇合，大行于天下。《姤》卦因时而用，意义重大！

《象》曰：天下有风[①]，姤。后以施命诰四方[②]。“系于金柅”，柔道牵也[③]。“包有鱼”，义不及宾也。“其行次且”，行未牵也。“无鱼之凶”，远民也。

九五“含章”，中正也[4]。“有陨自天”，志不舍命也[5]。“姤其角”，上穷吝也[6]。

【注释】

①天下有风：《姤》卦乾上巽下，乾为天，巽为风。

②后：君王。 诰：遍告。

③牵：牵系。

④中正：五为阳位、中位，阳爻居之。

⑤舍：违背。

⑥上：上位。 穷：穷尽。

【译文】

《象传》说：乾上巽下，乾为天，巽为风，天下有风，就是《姤》卦。君王以此发布命令，遍告四方。“系于金柅”，说明阴柔之道有所牵系。“包有鱼”，按其礼义还不能宴请宾客。“其行次且”，说明行为没有牵系。“无鱼之凶”，是因为远离民众。九五“含章”，说明符合中正之道。“有陨自天”，说明心志没有违背天命。“姤其角”，说明处于尽头会遇到困境。

扩展阅读

孔子游于匡[1]，卫人围之数帀[2]，而弦歌不惙[3]。子路入见，曰：“何夫子之娱也？”孔子曰：“来，吾语女！我讳穷久矣[4]，而不免，命也；求通久矣，而不得，时也。当尧、舜而天下无穷人，非知得也[5]；当桀、纣而天下无通人，非知失也。时势适然。夫水行不避蛟龙者，渔父之勇也。陆行不避兕虎者[6]，猎夫之勇也。白刃交于前，视死若生者，烈士之勇也。知穷之有命，知通之有时，临大难而不惧者，圣人之勇也。由[7]，处矣[8]！吾命有所制矣[9]！”

无几何[10]，将甲者进[11]，辞曰[12]：“以为阳虎也[13]，故围之；今非也，请辞而退。”

（《庄子·秋水》）

【注释】

①匡（kuāng）：地名，春秋时的卫地，在今河南省长垣县西南。

②帀（zā）：通“匝”，周。

③惙：同“辍”，停止。

④讳：遭受。

⑤知：通“智”，才智。

⑥兕（sì）：犀牛。

⑦由：子路的名。

⑧处：安居。

⑨制：限制，受制。

⑩何：时间。

⑪将：率领。　甲：兵。

⑫辞：道歉。

⑬阳虎：春秋末期鲁国的权臣，曾经率兵侵犯卫地。

【译文】

孔子周游到匡地，卫国人把他团团围住，然而他还是不停地弹琴唱诵。子路入见孔子，说：“为什么先生还这样快乐呢？”孔子说：“来，我告诉你！我遭受困窘蔽塞已经很久了，可是还不能免除，这是命运啊。我寻求通达也已经很久了，可是还不能得到，这是时运啊。当尧、舜的时代，天下没有一个困顿潦倒的人，这并不是因为每个人都才智超人；当桀、纣的时代，天下没有一个通达的人，这并不是因为他们都才智低下。这都是时势所造成的。在水里活动而不躲避蛟龙，这是渔夫的勇敢；在陆地上活动而不躲避犀牛老虎，这是猎人的勇敢；刀剑交错地横于眼前，看待死亡犹如生还，这是壮烈之士的勇敢。懂得困顿潦倒乃是命中注定，知道顺利通达乃是时势造成，面临大难而不畏惧，这是圣人的勇敢。仲由啊，你还是安然处之吧！此时受制是我命中注定！”

没有过多久，统帅士兵的人走了进来，道歉说：“我们把你当作阳虎了，所以包围了你；现在知道了你不是阳虎，我们向你表示歉意并且撤离部队。”

点评

《姤》卦乾上巽下，乾为刚，巽为柔，阳刚与阴柔相遇，相反而又相成。天与地相遇，化生万物；男与女相遇，组成家庭；才智与时势相遇，畅达得志，所以《姤》卦象征相遇，因时而用，意义重大。相遇之道并不是唾手可得，而是充满艰辛，即所谓“臀无肤，其行次且”，这就像男女相遇，如果不是心灵相通，不是志和意得，很难组建幸福的家庭，这也许是卦辞提醒我们“勿用取女”的深刻含义。至于才智与时势相遇，更是难上加难，可遇不可求，如果才智遇到了时势，这就像甜瓜遇到杞柳一样，内有质地外有文采，真是上天降下的福泽。然而在更多的情况下，才智往往与时势相悖，处于这种境地，我们是冒然前行，还是自怨自艾，爻辞告诉我们要持守贞正，孔子告诉我们要乐天知命，这样才能化险为夷，乃至获得相遇的吉祥。

四十一 萃卦观聚

䷬ 坤下兑上

萃①：亨，王假有庙②。利见大人。亨，利贞，用大牲吉。利有攸往。

初六：有孚不终，乃乱乃萃，若号③，一握为笑，勿恤，往无咎。

六二：引吉，无咎，孚乃利用禴④。

六三：萃如嗟如，无攸利，往无咎，小吝。

九四：大吉无咎。

九五：萃有位⑤，无咎。匪孚⑥，元永贞⑦，悔亡。

上六：赍咨涕洟⑧，无咎。

【注释】

①萃：会聚，聚集。

②假：通“格”，至。

③号：呼号。

④禴（yuè）：简约的祭祀。

⑤有位：拥有尊位。

⑥孚：取信。

⑦元：至善。

⑧赍咨（jī zī）：悲叹。　涕洟（tì tì）：流泪。

【译文】

《萃》卦：亨通。君王到宗庙祭祀，利于拜见王公大人，亨通，持守贞正吉利。祭祀用大牲，吉利。利于出行。

初六：诚信没有坚持始终，产生纷乱，盲目聚集。如果呼号，握手之间变成欢笑，不用担忧。前行，没有灾祸。

六二：受人引荐而聚集，吉利，没有灾祸。心存诚信，简约的祭祀也有利。

六三：会聚在一起叹息，没有什么好处。前行，没有大灾祸，会有小危险。

九四：大吉大利，没有灾祸。

九五：会聚于尊位，没有灾祸。没有取信于人，需要长久持守贞正至善，没有悔恨。

上六：悲叹流泪，没有灾祸。

《彖》曰：萃，聚也。顺以说①，刚中而应②，故聚也。"王假有庙"，致孝享也。"利见大人，亨"，聚以正也。"用大牲吉，利有攸往"，顺天命也。观其所聚，而天地万物之情可见矣。

【注释】

①说：通"悦"，兑为悦，和悦。

②刚中：阳刚居于上体中位。　应：居于五位的阳爻与居于二位的阴爻相应。

【译文】

《彖传》说：《萃》卦，聚集。柔顺而和悦，阳刚居中而与阴柔相应，所以能够聚集。"王假有庙"，是以祭祀来表达孝心。"利见大人，亨"，因为以正道相聚。"用大牲吉，利有攸往"，因为遵守了上天的规律。观察聚集的类别，可以洞察天地万物的情状。

《象》曰：泽上于地[①]，萃。君子以除戎器[②]，戒不虞[③]。"乃乱乃萃"，其志乱也。"引吉无咎"，中未变也[④]。"往无咎"，上巽也[⑤]。"大吉无咎"，位不当也[⑥]。"萃有位"，志未光也[⑦]。"赍咨涕洟"，未安上也。

【注释】

①泽上于地：《萃》卦上兑下坤，兑为泽，坤为地。

②除：整治。

③虞：预料，意外。

④中：阴爻居于中位。

⑤巽：顺从，三位的阴爻顺从上位的阳爻。

⑥位不当：四为阴位，阳爻居之。

⑦光：发扬光大。

【译文】

《象传》说：上兑下坤，兑为泽，坤为地，泽在地面之上，就是《萃》卦。君子据此整治兵器，以防意外。"乃乱乃萃"，说明心志混乱。"引吉无咎"，说明居中心志没有改变。"往无咎"，因为顺从于上位。"大吉无咎"，说明居位不当。"萃有位"，说明心志还没有光大。"赍咨涕洟"，说明不能安心居于上位。

扩展阅读

赵襄子攻翟[①]，胜左人、中人[②]，使使者来谒之[③]，襄子方食抟饭[④]，有忧色。左右曰："一朝而两城下，此人之所以喜也，今君有忧色，何？"襄子曰："江河之大也[⑤]，不过三日。飘风暴雨，日中不须臾。今赵氏之德行，无所于积，一朝而两城下，亡其及我乎！”孔子闻之曰：“赵氏其昌乎？”

夫忧所以为昌也，而喜所以为亡也。胜非其难者也，持之其难者也。贤主以此持胜，故其福及后世。齐荆吴越，皆尝胜矣，而卒取亡[⑥]，不达乎持胜也。唯有道之主能持胜。

（《吕氏春秋·慎大》）

【注释】

①赵襄子：生活在春秋末期，赵国的创始人。 翟：国家名。

②左人、中人：城邑名。

③谒（yè）：禀告。

④抟（tuán）饭：饭团。

⑤大：水涨。

⑥卒：最终。

【译文】

赵襄子派人攻打翟国，攻下了左人城、中人城。前线派使者来报告赵襄子，赵襄子正在吃饭团，听了以后，脸上有忧愁的神色。左右的人说：“一早上攻下两座城，这是人们感到高兴的事，现在您却忧愁，这是为什么呢？”赵襄子说：“江河涨水，不超过三天就会退落，疾风暴雨不能持续一整天，到了中午就会停止。现在我们赵氏的德行，还没有蓄积丰厚，一早上就攻下两座城池，灭亡恐怕就该轮到我了吧！”孔子听到这件事以后说；“赵氏大概要昌盛了吧！”

忧虑是昌盛的原因，喜悦是灭亡的起点。取得胜利不是困难的事，而保持胜利才是困难的事，贤明的君主依照这种认识来保持胜利，所以他的福分能传到子孙后代。齐国、楚国、吴国、越国，都曾经胜利过，可是最终都遭到了灭亡，这是因为它们不懂得如何保持胜利啊！只有有道的君主，才能保持胜利。

点评

《萃》卦上兑下坤，兑为泽，坤为地，泽在地面之上象征着会聚、聚集。聚集的目的是集合众力干事业，即“有攸往”。而集合众力的关键便是取信于人、获得人心，即有“孚”，这样行事不但无咎，还会获得吉祥。不能取信于人的聚集，就是“乃乱乃萃”，如果再有“萃如嗟如”，行事终将“无攸利”。会聚众人要有戒惧之心，因为稍有不慎就会功败垂成，这也是赵襄子得城池而“有忧色”的原因。自古以来，警惕戒惧导致兴国兴业，贪图安乐导致亡国丧身，所以孔子说赵襄子的行为预示着赵氏事业的昌盛。

四十二　升卦积小

䷭ **巽下坤上**

升：元亨。用见大人，勿恤。南征吉。

初六：允升[1]，大吉。

九二：孚乃利用禴，无咎。

九三：升虚邑[2]。

六四：王用亨于岐山，吉，无咎。

六五：贞吉，升阶[3]。

上六：冥升[4]，利于不息之贞。

【注释】

①允：进，前进。

②虚：空虚。

③阶：台阶。

④冥：昏暗，晚上。

【译文】

《升》卦：大亨大通，宜出现大人，不用担忧。向南征伐吉利。

初六：前进上升，大吉大利。

九二：心有诚信，简约的祭祀也有利，没有灾祸。

九三：登上虚空的城邑。

六四：君王来到岐山祭祀，吉利，没有灾祸。

六五：持守贞正吉利，逐阶上升。

上六：昏暗中上升，利于勤勉不息地持守贞正。

《彖》曰：柔以时升[①]，巽而顺[②]，刚中而应[③]，是以大亨，“用见大人，勿恤”，有庆也。“南征吉”，志行也。

【注释】

①柔以时升：下卦为巽，巽为木，是阴卦，所以说“柔”。草木的生长依季节的变化而变化。

②巽而顺：《升》卦下巽上坤，坤为顺。

③刚中而应：阳爻居于下体中位，与上体中位的阴爻相应。

【译文】

《彖传》说：阴柔逐渐上升，谦逊而和顺，阳刚居中又与阴柔相应，所以大亨大通，“用见大人，勿恤”，因为值得庆贺。“南征吉”，因为心志得以实行。

《象》曰：地中生木[①]，升。君子以顺德，积小以高大。“允升大吉”，上合志也。九二之孚，有喜也。“升虚邑”，无所疑也。“王用亨于岐山”，顺事也。“贞吉，升阶”，大得志也。“冥升”在上，消不富也[②]。

【注释】

①地中生木：《升》卦上坤下巽，坤为地，巽为木。

②消：消除。　富：充满，富余。

【译文】

《象传》说：上坤下巽，坤为地，巽为木，地中生长树木，就是《升》卦。君子据此顺应规律，积微小以成高大。“允升大吉”，说明上升合乎心志。九二的诚信，必然会有喜庆。“升虚邑”，说明没有疑虑。“王用亨于岐山”，说明和顺行事。“贞吉，升阶”，说明上升的志向得以实现。“冥升”居于上位，会消除虚而不富的情况。

扩展阅读

积土成山，风雨兴焉；积水成渊，蛟龙生焉；积善成德，而神明自得，圣心备焉。故不积跬步[①]，无以至千里；不积小流，无以成江海。骐骥一跃[②]，不能十步[③]；驽马十驾[④]，功在不舍。锲而舍之，朽木不折；锲而不舍，金石可镂[⑤]。螾无爪牙之利[⑥]，筋骨之强，上食埃土，下饮黄泉，用心一也。蟹八跪而二螯[⑦]，非蛇蟺之穴[⑧]，无可寄托者，用心躁也。

（《荀子·劝学》）

【注释】

①跬（kuǐ）：半步。

②骐骥（qí jì）：骏马。

③步：长度单位，六尺为步。

④驾：马车一天的行程。

⑤镂：雕刻。

⑥螾（yǐn）：蚯蚓。

⑦跪：脚。　螯（áo）：螃蟹等节肢动物身前的大爪。

⑧蟺（shàn）：同“鳝”，黄鳝。

【译文】

积聚泥土成了高山，风雨就会在那里兴起；汇集水流成了深潭，蛟龙就会在那里生长。多做好事养成高尚的品德，心智自会澄明，圣人的心志也就具备了。所以不积累起一步两步，就无法到达千里之外；不汇积细小的溪流，就无法形成大江大海。骏马一跃，不会超过十步；劣马跑十天，成功在于不放弃。雕刻东西，如果雕刻一下就把它放在一边，那么即使雕刻腐朽的木头也不能刻断；如果不停地雕刻，那么金属和石头也可以被雕空。蚯蚓没有锐利的爪子和牙齿，也没有强壮的筋骨，但是它能啃动地上的泥土，喝到地下的泉水，这是因为它用心专一的缘故；螃蟹有八只脚两只螯，但如果没有蛇、鳝的洞穴就无处栖身，这是因为它用心浮躁的缘故。

点评

《升》卦上坤下巽，坤为地，巽为木，地中生长树木，卦象代表着上升向前，所以卦辞说利于出现大人，也利于出征讨伐。阴爻居于初、四、五、上位，位次逐渐上升，这便意味着“柔以时升”，象征着积少成多的道理。正如老子所说“千里之行始于足下”，之所以能到达千里之外，关键在于坚持不懈，在于执著追求。这一点荀子阐发得更为透彻：“锲而舍之，朽木不折；锲而不舍，金石可镂”。其中强调的便是积累、执著的力量。有了积累，有了执著，才能“允升”，进而“大吉”“元亨”。

四十三　困卦务实

䷮ **坎下兑上**

困：亨。贞大人吉，无咎。有言不信①。

初六：臀困于株木②，入于幽谷③，三岁不觌④。

九二：困于酒食，朱绂方来⑤。利用享祀。征凶，无咎。

六三：困于石，据于蒺藜⑥，入于其宫⑦，不见其妻，凶。

九四：来徐徐⑧，困于金车，吝，有终。

九五：劓刖⑨，困于赤绂⑩，乃徐有说⑪，利用祭祀。

上六：困于葛藟⑫，于臲卼⑬，曰动悔，有悔，征吉。

【注释】

①信：取信。

②株木：木桩。

③幽谷：深谷。

④觌（dí）：看见。

⑤朱绂（fú）：红色的衣服，君王的官服，此处指荣禄。

⑥蒺藜（jí lí）：带刺的植物。

⑦宫：居室，家。

⑧徐徐：行动缓慢的样子。

⑨劓刖（yì yuè）：割鼻断足。

⑩赤绂：大夫的官服。

⑪说：通“脱”。

⑫葛藟（gě lěi）：藤类植物。

⑬臲卼（niè wù）：动摇不安的样子。

【译文】

《困》卦：亨通，持守贞正，大人吉利，没有灾祸。言语没有取信于人。

初六：臀部困于株木之中，陷入幽谷之中，三年不见露出面目。

九二：酒食困乏之时，荣禄到来，利于祭祀求神。出征会遇凶险，但没有灾祸。

六三：大石挡路，蒺藜横生。回到家中，又没有见到妻子，凶险。

九四：行动迟缓，被金车所阻。有危险，但终究会摆脱困境。

九五：割鼻砍脚，困于大夫之位，后来逐渐解脱。利于祭祀祈福。

上六：被葛藤缠绕困住，心中惊恐不安。这是说行动会有悔恨，但改悔之后，出征会获得吉利。

《彖》曰：困，刚揜也[①]。险以说[②]，因而不失其所，亨，其唯君子乎。“贞大人吉”，以刚中也[③]。“有言不信”，尚口乃穷也。

【注释】

①揜（yǎn）：同“掩”。

②险：《困》卦下体为坎，坎为险。 说：通“悦”，和悦。

③刚中：阳爻居于二、五中位。

【译文】

《彖传》说：《困》卦，阳刚受到遮掩。面临险境而有和悦，身处困境而没有失去所守，亨通，这大概只有君子能够做到吧。“贞大人吉”，说明阳刚居于中位。“有言不信”，说明崇尚空谈，必致困穷。

《象》曰：泽无水①，困。君子以致命遂志②。“入于幽谷”，幽不明也。“困于酒食”，中有庆也③。“据于蒺藜”，乘刚也④。“入于其宫，不见其妻”，不祥也。“来徐徐”，志在下也。虽不当位，有与也⑤。“劓刖”，志未得也。“乃徐有说”，以中直也。“利用祭祀”，受福也。“困于葛藟”，未当也⑥。“动悔，有悔”，吉行也。

【注释】

①泽无水：《困》卦上兑下坎，兑为泽，坎为水，水在泽下，泽上无水。

②致命：献出生命。　遂：实现。

③中：阳爻居于中位。

④乘刚：三位的阴爻居于二位的阳爻之上。

⑤与：亲和，亲附。

⑥未当：阴爻居于上位，不稳当。

【译文】

《象传》说：上兑下坎，兑为泽，坎为水，泽在上无水，就是《困》卦。君子据此舍命以实现志向。“入于幽谷”，说明昏暗不光明。“困于酒食”，说明持守中道会有吉庆。“据于蒺藜”，因为阴柔在阳刚之上。“入于其宫，不见其妻”，说明不吉祥。“来徐徐”，说明心志在下。虽然居位不当，但能结伴而行。"劓刖"，说明心志没有得到响应。"乃徐有说"，因为持守中正刚直之道。"利用祭祀"，说明能够接受福祐。"困于葛藟"，说明居位不稳当。"动悔，有悔"，说明行事可获吉祥。

扩展阅读

赵惠王谓公孙龙曰[①]："寡人事偃兵十余年矣[②]，而不成，兵不可偃乎？"公孙龙对曰："偃兵之意，兼爱天下之心也。兼爱天下，不可以虚名为也，必有其实。今蔺、离石入秦[③]，而王缟素布总[④]；东攻齐得城，而王加膳置酒。秦得地而王布总，齐亡地而王加膳，所非兼爱之心也。此偃兵之所以不成也。"今有人于此，无礼慢易而求敬[⑤]，阿党不公而求令，烦号数变而求静[⑥]，暴戾贪得而求定，虽黄帝犹若困。

（《吕氏春秋·审应》）

【注释】

①赵惠王：战国时期赵国国君，前298年—前266年在位。

②事：致力。　偃兵：停止、消除战争。

③蔺（lìn）、离石：地名，赵国土地，后被秦国占领。

④缟（gǎo）素：白色丧服。　布总：用麻布束发。

⑤慢易：傲慢无礼。

⑥号：号令，法令。

【译文】

赵惠王对公孙龙说："我致力于消除战争有十多年了，可是却没有成功。战争不可以停止吗？"公孙龙回答说："消除战争，代表着兼爱天下的心意。兼爱天下，不可以依靠虚名来实现，一定要有实际行动。现在蔺、离石两地被秦国占领，您就穿上丧服；向东攻打齐国占领城池，您就安排宴席饮酒庆贺。秦国得到土地，您就穿上丧服；齐国丧失土地，您就加餐庆贺，这都不符合兼爱天下的心意。这就是您消除战争不能成功的原因啊。”假如有这样一个人，傲慢无礼却想受到尊敬，结党营私处事不公却想得到好名声，号令烦难而且屡次变更却想求得安静，残暴乖戾贪得无厌却想得到安定，这样即使是黄帝也觉得困难。

点 评

《困》卦上兑下坎，兑为泽，坎为水，水在泽下，泽在上无水象征着困境，即爻辞所谓“困于株木”“困于酒食”“困于金车”“困于赤绂”“困于葛藟”等，这些都代表着前进过程中所遇到的各种各样的困难。面对这难以摆脱的重重困境，与其盲目前进，不如暂时退守，一旦行动就有可能产生悔恨。《困》卦代表着险境，但也蕴涵着摆脱险境的希望，这就依赖于务实的精神，即不要“尚口”，不要“有言不信”。只有诚恳务实，才能取信于民，进而“徐有说”“险以说”，这样不但“不失其所”，还会吉利亨通。赵惠王“偃兵”之所以没有功效，就在于一直是空口说话，所谓“兼爱天下”乃是“虚名为也”。

四十四　井卦贤明

䷯ 巽下坎上

井：改邑不改井，无丧无得[①]。往来井井。汔至[②]，亦未繘井[③]，羸其瓶[④]，凶。

初六：井泥不食。旧井无禽。

九二：井谷射鲋[⑤]，瓮敝漏[⑥]。

九三：井渫不食[⑦]，为我心恻。可用汲，王明，并受其福。

六四：井甃[⑧]，无咎。

九五：井洌[⑨]，寒泉食。

上六：井收勿幕[⑩]，有孚元吉。

【注释】

①丧：损失。

②汔（qì）：接近。

③繘（yù）：井上汲水的绳索。

④羸（léi）：倾覆。

⑤谷：井中容水处。 鲋（fù）：小鱼。

⑥瓮：水瓮。

⑦井渫（xiè）：淘去污泥。

⑧甃（zhòu）：用砖砌井壁。

⑨洌（liè）：水清。

⑩幕：覆盖。

【译文】

《井》卦：村落可以迁移，水井却无法移动，没有损失也没有多得，人们来来往往，取水不断。打水时水桶升到了井口还没有出井，此时水桶倾覆，凶险。

初六：水井有淤泥无法饮用，水井已旧，连禽鸟也不来。

九二：在井中容水处射击小鱼，结果射穿了汲水用的瓮。

九三：水井除去污泥，但人们仍不饮用，令我伤心。可汲取饮用，君王贤明，使众人都得到福祐。

六四：用砖石修治井壁，没有灾祸。

九五：井水清澈，清凉可口，可以饮用。

上六：水井之功完成后，不必覆盖。胸怀诚信，大吉大利。

《彖》曰：巽乎水而上水[①]，井。井养而不穷也。“改邑不改井”，乃以刚中也[②]。“汔至，亦未繘井”，未有功也。“羸其瓶”，是以凶也。

【注释】

①巽乎水：《井》卦下巽上坎，巽为木，坎为水，下为内，上为外，木在水内。

②刚中：阳爻居于二、五中位。

【译文】

《彖传》说：木桶入于水而将水提上来，就是《井》卦。水井养育人们而没有穷尽。“改邑不改井”，因为阳刚居于中位。“汔至，亦未繘井”，说明没有功效。“羸其瓶”，所以凶险。

《象》曰：木上有水，井。君子以劳民劝相。“井泥不食”，下也。“旧井无禽”，时舍也。“井谷射鲋”，无与也[1]。“井渫不食”，行恻也[2]。求“王明”，受福也。“井甃无咎”，修井也。“寒泉之食”，中正也。“元吉”在“上”，大成也。

【注释】

①与：帮助。

②恻：悲伤，惋惜。

【译文】

《象传》说：下巽上坎，巽为木，坎为水，木上有水，就是《井》卦。君子据此教民劳动，相互劝勉。“井泥不食”，说明处于下位。“旧井无禽”，说明因时舍弃。“井谷射鲋”，说明没有人相助。“井渫不食”，说明行事令人惋惜。求“王明”，希望受到君王的赏识。“井甃无咎”，因为是修治水井。“寒泉之食”，说明坚守中正之道。“元吉”在“上”，说明大功告成。

扩展阅读

屈原虽放流，眷顾楚国[1]，系心怀王，不忘欲反[2]，冀幸君之一悟[3]，俗之一改也。其存君兴国而欲反覆之[4]，一篇之中三致志焉[5]。然终无可奈何，故不可以反，卒以此见怀王之终不悟也。人君无愚智贤不肖，莫不欲求忠以自为，举贤以自佐，然亡国破家相随属，而圣君治国累世而不见者，其所谓忠者不忠，而所谓贤者不贤也。怀王以不知忠臣之分[6]，故内惑于郑袖[7]，外欺于张仪，疏屈平而信上官大夫、令尹子兰。兵挫地削，亡其六郡，身客死于秦，为天下笑。此不知人之祸也。《易》曰：“井泄不食，为我心恻，可以汲。王明，并受其福。”王之不明，岂足福哉！

（《史记·屈原列传》）

【注释】

①眷顾：眷恋，怀念。

②反：通“返”。

③翼幸：侥幸希望。

④反覆：扭转。

⑤致：表达。

⑥分：职分，本分。

⑦郑袖：楚怀王的妃子。

【译文】

屈原虽然被流放，但心里依然眷念楚国，挂念怀王，时刻想着能重返朝廷，总是希望楚王能够醒悟过来，从而习俗也为之改正。他渴望保存君王，振兴国家，扭转局势，在一篇作品中多次表达了这种志向。然而终究还是无可奈何，所以也不可能再返朝廷，由此也看出楚怀王最终还没有醒悟。作为国君，不管他聪明还是愚蠢，有才还是无才，没有不希望找到忠臣来为自己效力的，提拔贤士来辅佐自己的，然而国破家亡的事却接连不断，而圣明之君、太平之国却好多代都没有看见一个，原因就是所谓的忠臣并不忠，所谓的贤士并不贤。楚怀王因不知晓忠臣的职分，因此在内被郑袖所迷惑，在外被张仪所欺骗，疏远屈原而信任上官大夫和令尹子兰。结果使军队惨败，土地被割，失去了六郡的土地，自己又客死在秦国，被天下人所耻笑。这是由于不知人所造成的灾祸。《易经》上说：“水井除去污泥，但人们仍不饮用，令我伤心。可汲取饮用，只有君王贤明，才能使众人都得到福祐。”楚怀王如此不明，哪里能够得到福祐呢！

点评

《井》卦的主角是水井，它的主要特征是“改邑不改井”和“井养而不穷”，前者代表着恒常不变，后者代表着永无穷尽，所以这两种特征都蕴涵着对身居高位者的要求：行事正派，广施恩泽，就会“往来井井”，以致“有孚元吉”；相反，如果行事暴虐，贪婪无比，就像塞满淤泥的旧井一样，不但人们不来取水，就是禽鸟也不屑光顾。所以《井》卦特别强调君王的贤明，贤明的君王像清凉的甘泉，引得人们来来往往，因为贤明的君主不但像加固的水井一样“无咎”，更会像淘洗过的水井一样使大家“并受其福”。作为一国之君的楚怀王显然并不贤明，他的昏暗愚钝，不仅给他自己带来了凶险——“客死秦国”，更使整个国家“兵挫地削”，民众不受其福，反遭其祸。

四十五　革卦变革

䷰ 离下兑上

革：己日乃孚[①]。元亨。利贞，悔亡。

初九：巩用黄牛之革[②]。

六二：己日乃革之，征吉，无咎。

九三：征凶。贞厉。革言三就[③]，有孚。

九四：悔亡。有孚改命，吉。

九五：大人虎变[④]，未占有孚。

上六：君子豹变[⑤]，小人革面，征凶，居贞吉。

【注释】

①己日：古代以十天干记日。“己”在前五数与后五数之中，其数在转换变革间，蕴涵变革之义。

②巩：束缚，捆。

③就：俯就，谋划。

④虎变：像老虎一样迅疾。

⑤豹变：像豹子一样执著。

【译文】

《革》卦：祭祀之日，心怀诚信，大亨大通。利于坚守贞正，没有悔恨。

初九：用黄牛皮革加固束紧。

六二：己日推行变革。出征吉利。没有灾祸。

九三：出征，凶险，持守贞正以防险境。变革之事多次谋划，要心怀诚信。

九四：没有悔恨。心有诚信地改变旧命令，吉利。

九五：大人推行变革，迅疾如虎，心怀诚信，不需占问。

上六：君子像豹子一样执著推行变革，小人变革只是改变其颜面。出征虽有凶险，但静居守正可获吉祥。

《彖》曰：革，水火相息，二女同居，其志不相得曰革。“己日乃孚”，革而信之。文明以说[①]，大亨以正。革而当[②]，其悔乃亡。天地革而四时成，汤武革命，顺乎天而应乎人。革之时大矣哉！

【注释】

①说：通“悦”，和悦。

②当：得当。

【译文】

《彖传》说：《革》卦，就像水火相克，两女同居，心志不相投合必将变革。“己日乃孚”，说明变革而且得到信任。文采光明而且和悦，持守中正，乃至大亨大通。变革得当，悔恨于是消亡。天地变革而四季形成，汤武革命，顺从天意又应和人心。《革》卦因时而用，意义重大。

《象》曰：泽中有火[①]，革。君子以治历明时。“巩用黄牛”，不可以有为也。“己日革之”，行有嘉也。“革言三就”，又何之矣[②]？“改命之吉”，信志也[③]。“大人虎变”，其文炳也[④]。“君子豹变”，其文蔚也[5]。“小人革面”，顺以从君也。

【注释】

①泽中有火：《革》卦上兑下离，兑为泽，离为火。

②之：往，到。

③信：即“伸”，伸展。

④炳：显著，鲜明。

⑤蔚：茂盛。

【译文】

《象传》说：下离兑上，离为火，兑为泽，泽中有火，就是《革》卦。君子据此制定历法，明确时令变化。“巩用黄牛”，说明不能有所作为。“己日革之”，说明行事必有嘉庆。“革言三就”，还能往哪里去呢？“改命之吉”，说明变革之志得以伸展。“大人虎变”，说明文采鲜明。“君子豹变”，说明光彩夺目。“小人革面”，说明顺从君主。

扩展阅读

孝公既用卫鞅[1]，鞅欲变法，恐天下议己[2]。卫鞅曰：“疑行无名，疑事无功。且夫有高人之行者，固见非于世[3]；有独知之虑者，必见敖于民[4]。愚者暗于成事[5]，知者见于未萌[6]。民不可与虑始而可与乐成[7]。论至德者不和于俗，成大功者不谋于众。是以圣人苟可以强国，不法其故[8]；苟可以利民，不循其礼。”孝公曰：“善。”甘龙曰：“不然。圣人不易民而教，知者不变法而治。因民而教，不劳而成功；缘法而治者[9]，吏习而民安之。”卫鞅曰：“龙之所言，世俗之言也。常人安于故俗，学者溺于所闻。以此两者居官守法可也，非所与论于法之外也。三代不同礼而王，五伯不同法而霸。智者作法，愚者制焉[10]；贤者更礼，不肖者拘焉。”杜挚曰：“利不百，不变法；功不十，不易器。法古无过，循礼无邪。”卫鞅曰：“治世不一道，便国不法古。故汤武不循古而王，夏殷不易礼而亡[11]。反古者不可非，而循礼者不足多[12]。”孝公曰：“善。”以卫鞅为左庶长，卒定变法之令。

（《史记·商君列传》）

【注释】

①卫鞅：即商鞅，原为卫国人，后封于商。

②恐：担心。

③见：被。　非：非难。

④敖：通“謷”（áo），嘲笑。

⑤暗：不明白。

⑥知：通“智”。　未萌：没有发生。

⑦虑：谋划。　成：成功。

⑧法：效法，取法。　故：旧法。

⑨缘：依照，沿袭。

⑩制：被制约。

⑪夏殷：夏桀商纣。

⑫多：推重，赞扬。

【译文】

秦孝公任用卫鞅后，卫鞅打算变更法度，秦孝公又担心天下人议论自己。卫鞅说：“行动犹豫不决，就不会搞出名堂，办事犹豫不决就不会成功。况且超出常人的行为，本来就会被世俗非议；有独道见解的人，必然会受到一般人的嘲笑。愚昧的人事成之后还弄不明白，聪明的人事先就能预见没有发生的事情。不能和百姓谋划新事物的创始，只能和他们共享成功后的欢乐。谈论高深道理的人不会迎合世俗，成就大业的人不与一般人商量。因此，圣人只要能够使国家强盛，就不必沿用旧法；只要能够利于百姓，就不必遵循旧礼。”秦孝公说：“讲得好。”甘龙说：“不是这样。圣人不改变民俗而施以教化，聪明的人不改变成法而使国家得到治理。顺应民俗而施教化，不费力就能成功；沿袭成法而治理国家，官吏习惯而百姓安定。”卫鞅说：“甘龙所说的，是世俗的说法啊。一般人安于旧有的习俗，而读书人拘泥于听到的东西。这两种人奉公守法还可以，但不能和他们谈论常法以外的事情。三代礼制不同却各成王业，五霸法制不一却都能称霸一时。聪明的人制定法度，愚蠢的人被法度制约；贤能的人变更礼制，寻常的人被礼制约束。”杜挚说：“没有百倍的利益，就不能改变旧法；没有十倍的功效，就不能更换旧器。遵循旧法没有过失，遵循旧礼不会出现偏差。”卫鞅说：“治理国家没有一成不变的办法，有利于国家就不必依照旧法。所以汤武不沿袭旧法而能称王天下，桀纣不变旧礼而遭到灭亡。反对旧法的人不能非难，而沿袭旧礼的人不值得赞扬。”秦孝公说：“讲得好。”于是任命卫鞅为左庶长，终于制定了变法的命令。

点评

《革》卦下离上兑，离为火，兑为泽，泽中有火，水火相反而相成，卦象代表着变革。变革是天地常道，天地变化，四季形成；汤武革命，天下一统。变革的目的是“便国利民”，而变革的关键是取信于人，这就是“有孚改命，吉”所蕴涵的深意。如何取信于人，《革》卦告诉我们要“革言三就”，即经过多次周密的商讨、谋划，变革不但无咎，终会获得吉祥。秦孝公任用商鞅变革的过程可谓是“革言三就”，同时商鞅也通过“革言三就”的方式消除了秦孝公的疑虑，进一步取得了秦孝公的信任，这一点正是变革得以实施的关键。

四十六　鼎卦成新

䷱ 巽下离上

鼎：元吉，亨。

初六：鼎颠趾①，利出否②。得妾以其子③，无咎。

九二：鼎有实④，我仇有疾，不我能即⑤。吉。

九三：鼎耳革⑥，其行塞，雉膏不食⑦，方雨，亏悔，终吉。

九四：鼎折足，覆公𫗧⑧，其形渥⑨，凶。

六五：鼎黄耳金铉⑩，利贞。

上九：鼎玉铉⑪，大吉，无不利。

【注释】

①颠：颠倒。

②否：恶，此处引申为残渣。

③子：子女。

④实：通“食”，食物。

⑤即：接近。

⑥革：脱落。

⑦雉膏：肥美的野鸡肉。

⑧公：王公。　𫗧（sù）：鼎中的食物。

⑨形渥（wò）：遍地狼藉。

⑩铉（xuàn）：举鼎的器具，状如钩，铜制。

⑪玉：玉质的。

【译文】

《鼎》卦：大吉大利，亨通。

初六：鼎翻倒而足向上，利于清除残渣。娶小妾而生子女，没有灾祸。

九二：鼎中有食物，我的仇敌身患疾病，不能接近我。吉利。

九三：鼎耳脱落，出行遇到阻碍，肥美的野鸡肉吃不到。天正下雨，消除悔恨，终会吉利。

九四：鼎足折断，打翻了王公的食物，弄得一地狼藉，凶险。

六五：金黄色的鼎耳和鼎铉。利于持守贞正。

上九：玉质的鼎铉，大吉大利，无所不利。

《彖》曰：鼎，象也①。以木巽火②，亨饪也③。圣人亨以享上帝，而大亨以养圣贤④。巽而耳目聪明⑤，柔进而上行⑥，得中而应乎刚⑦，是以元亨。

【注释】

①象：卦形像鼎，初六像鼎足，二三四位像鼎腹，六五像鼎耳，上九像鼎铉。

②以木巽火：《鼎》卦下巽上离，巽为木，离为火。

③亨：通“烹”，烹饪。

④大亨：烹饪的大用。

⑤巽：谦逊。

⑥柔进而上行：阴爻居初位、五位，位次逐渐上升。

⑦得中而应乎刚：阴爻居上体中位，与二位的阳爻相应。

【译文】

《彖传》说：《鼎》卦，卦形像鼎。木柴燃烧生火，就是烹饪。圣人的烹饪用来祭享上帝，烹饪的大用在于养育圣贤。谦逊而耳目聪明，柔顺前进而又上升，居于中位又与阳刚相应，所以大亨大通。

《象》曰：木上有火①，鼎。君子以正位凝命②。"鼎颠趾"，未悖也。"利出否"，以从贵也。"鼎有实"，慎所之也③。"我仇有疾"，终无尤也。"鼎耳革"，失其义也④。"覆公𫗧"，信如何也⑤。"鼎黄耳"，中以为实也⑥。玉铉在上⑦，刚柔节也。

【注释】

①木上有火：《鼎》卦下巽上离，巽为木，离为火。

②凝：严肃。　命：政令。

③之：往，行事。

④义：通"宜"。

⑤信：信任。

⑥实：殷实。

⑦上：上位。

【译文】

《象传》说：下巽上离，巽为木，离为火，木上有火，就是《鼎》卦。君子据此端正秩序，严肃政令。"鼎颠趾"，说明没有违背常理。"利出否"，说明顺从于贵人。"鼎有实"，说明谨慎行事。"我仇有疾"，终究没有忧愁。"鼎耳革"，说明行动不当。"覆公𫗧"，怎么值得信任呢？"鼎黄耳"，居于中位，必定殷实。玉铉居于上位，说明阳刚与阴柔相互调节。

扩展阅读

君之所审者三[①]：一曰德不当其位，二曰功不当其禄，三曰能不当其官。此三本者，治乱之原也。故国有德义未明于朝者，则不可加于尊位；功力未见于国者，则不可授与重禄；临事不信于民者，则不可使任大官。故德厚而位卑者，谓之过；德薄而位尊者，谓之失。宁过于君子，而毋失于小人。过于君子，其为怨浅；失于小人，其为祸深。是故，国有德义未明于朝而处尊位者，则良臣不进；有功力未见于国而有重禄者，则劳臣不劝[②]；有临事不信于民而任大官者，则材臣不用。三本者审，则下不敢求；三本者不审，则邪臣上通，而便辟制威[③]。如此，则明塞于上，而治壅于下，正道捐弃，而邪事日长。三本者审，则便辟无威于国，道涂无行禽[④]，疏远无蔽狱[⑤]，孤寡无隐治[⑥]。故曰：刑省治寡，朝不合众。

（《管子·立政》）

【注释】

①审：审查，慎重。

②劳：勤劳，辛勤。 劝：鼓励。

③便辟：奸臣。 制威：专权。

④禽：通“擒”，囚犯。

⑤蔽狱：冤狱。

⑥隐治：胡乱地治理。

【译文】

君主用人必须审查三个问题：一是他的品德与地位是否相称，二是他的功劳与俸禄是否相称，三是他的能力与官职是否相称。这三个根本问题是国家治乱的根源。所以国中道义品德没有在朝廷上显露的人，不能授予他尊贵的爵位；功绩能力没有在国内表现出来的人，不可给予优厚的俸禄；治理政事没有取得百姓信任的人，不能让他担任重要的官职。所以德行深厚而爵位低微，叫做用人“有过”；德行浅薄而爵位尊贵，叫做察人"有失"。宁可安排君子失当，也不可错误地任用小人。因为，安排君子失当，招来的怨恨很浅；错误地任用小人，带来的祸乱很深。因此在国家里，如果道义品德没有在朝廷上显露的人身居尊贵的爵位，那么贤良的人就得不到进用；如果功绩能力没有在国内表现出来的人享有丰厚的俸禄，那么勤奋的人就得不到鼓励；如果治理政事没有取得百姓信任的人担任重要的官职，那么有才能的人就不会出力。三个根本问题审查清楚了，下臣才不敢妄求官禄；三个根本问题不加审查，奸臣就会上通君主，专权施威。这样，上面的君主就会受到蒙蔽，政令在下面也不能推行，治国的正道被抛弃，坏事就一天天地多起来。三个根本问题审查清楚了，奸臣就不会专权施威，道路上看不到在押的犯人，与官方疏远的人们不受冤狱之害，孤寡无亲的人们，也不会被胡乱地治理。这就叫做：刑罚减少，政务精简，朝廷也不用经常召集群臣议事了。

点评

《鼎》卦下巽上离，巽为木，离为火，木入火中，烹饪之象，所以它强调"鼎有实"吉利。鼎是一种盛食品的器物，作为爻辞的主角，它不可能不与吃饭密切相关，这也是爻辞多次提到食物的原因，如"雉膏"、"悚"等。然而，鼎又不仅仅为烹饪之用，它还是一种富贵生活的象征，所谓"钟鸣鼎食"形容的就是富贵生活的豪华排场。所以鼎的安稳与否，就象征着生活的富足贫乏：鼎光彩夺目，"黄耳金铉"代表着生活吉祥；鼎耳脱落，缺乏修治，就代表着生活贫乏，食物不足。更为重要的是，鼎的修治还代表着治国行政的吉凶祸福：鼎修有玉铉，代表着贤人当位，"刑省治寡"，百姓信赖；而鼎折断三足，则代表着"三本不审""正道捐弃"，政务一塌糊涂，日久必然凶险。

四十七　艮卦止行

䷳ 艮下艮上

艮：艮其背，不获其身[①]，行其庭，不见其人，无咎。

初六：艮其趾，无咎。利永贞。

六二：艮其腓[②]，不拯其随[③]，其心不快。

九三：艮其限[④]，列其夤[⑤]，厉，薰心[⑥]。

六四：艮其身，无咎。

六五：艮其辅[⑦]，言有序，悔亡。

上九：敦艮[⑧]，吉。

【注释】

①获：观察。

②腓（féi）：小腿肚。

③拯：升。　随：随从。

④限：腰部。

⑤列：通“裂”。　夤（yín）：胁间肌肉，也指脊肉。

⑥薰（xūn）：同“熏”，火灼。

⑦辅：上牙床，这里借指口。

⑧敦：敦厚。

【译文】

《艮》卦：止于后背，不观察他的全身，就像在庭院里行走，没有碰到人一样，没有什么灾祸。

初六：止于脚趾，没有什么灾祸。利于长久地持守贞正。

六二：止于小腿，没有上承本应随从的君子，心中会闷闷不乐。

九三：止于腰部，就像脊肉裂开一样，危险，使人心焦。

六四：止于身体，没有什么灾祸。

六五：管住嘴巴，说话有分寸，没有悔恨。

上九：敦厚地停止，吉利。

《彖》曰：艮，止也。时止则止，时行则行，动静不失其时，其道光明。艮其止，止其所也。上下敌应①，不相与也②。是以“不获其身，行其庭，不见其人，无咎”也。

【注释】

①敌应：《艮》卦上下两体各爻相同，六爻皆不应，一一相敌对。

②相与：相互帮助。

【译文】

《彖传》说：《艮》卦，停止。因时而止，因时而行，动静不违背时机，道路前途光明。停止应该停止的，说明停止得适乎其所。上下相互敌对，说明没有应和。所以说“不获其身，行其庭，不见其人，无咎”。

《象》曰：兼山①，艮。君子以思不出其位。“艮其趾”，未失正也。“不拯其随”，未退听也。“艮其限”，危熏心也。“艮其身”，止诸躬也②。“艮其辅”，以中正也。“敦艮之吉”，以厚终也。

【注释】

①兼山：《艮》卦上艮下艮，艮为山，两山相叠。

②躬：自身，自己。

【译文】

《象传》说：艮为山，上艮下艮，山上有山，就是《艮》卦。君子据此思考问题不超出自己的职责范围。“艮其趾”，说明没有失去正道。“不拯其随”，不甘心退止原位听从抑止之命。“艮其限”，说明危险得如烈火灼心一样。“艮其身”，这是自我控制。“艮其辅”，说明坚守中正。“敦艮之吉”，是因为忠厚以得善终。

扩展阅读

孔子谓颜回曰：“回，来！家贫居卑，胡不仕乎？”颜回对曰：“不愿仕。回有郭外之田五十亩，足以给饘粥[①]；郭内之田十亩，足以为丝麻；鼓琴足以自娱，所学夫子之道者足以自乐也。回不愿仕。”孔子愀然变容曰[②]：“善哉，回之意！丘闻之：‘知足者不以利自累也，审自得者失之而不惧；行修于内者无位而不怍[③]。’丘诵之久矣，今于回而后见之，是丘之得也。”

（《庄子·让王》）

【注释】

①饘（zhān）：稀薄。

②愀（qiǎo）然：脸色改变的样子。

③怍（zuò）：惭愧。

【译文】

孔子对颜回说：“颜回，你过来！你家境贫寒身处卑位，为什么不外出做官呢？”颜回回答说：“我不愿做官，城郭之外我有五十亩地，足以供给我粮食；城郭之内我有十亩地，足够用来纺织丝麻；弹琴动弦足以自我消遣，学习先生所教的道理足以自得其乐。所以我不愿做官。”孔子听了改变面容说：“颜回的心愿，实在好啊！我听说：‘知道满足的人不会因为利禄而使自己劳累，安身自得的人有所损失也不会忧虑，修养内心的人没有官职也不会因此惭愧。’我吟咏这样的话已经很久很久了，如今在颜回身上才算真正看到了它，这也是我的收获。”

点评

《艮》卦上艮下艮，艮为山，两山相叠象征着高山相阻，难以前进，此时明智的选择只有退让、止行。所以《艮》卦告诉我们只有“时止则止，时行则行”，做到“动静不失其时”，行动才会顺利，前途才会光明。外部环境总有不顺甚至难以扭转的时候，处于此种情形，聪明的做法便是量力而行：力量充足，便勇敢前行；力量不够，就需要知止退守，否则莽撞行事不是“其心不快”，就是“厉薰心”。知止之心要坚定、果断，不能犹豫，也就是爻辞所说的“敦艮”，因为只有真心的止行，才能获得真正的吉祥。孔子之所以赞叹颜回的行为，就是因为“知足自得”往往是一种真正的“敦艮”，它不但预示着生活无忧，更象征着自如和欢乐。

四十八　渐卦雁行

䷴ 艮下巽上

渐：女归吉，利贞。

初六：鸿渐于干①。小子厉②，有言，无咎。

六二：鸿渐于磐③，饮食衎衎④，吉。

九三：鸿渐于陆。夫征不复，妇孕不育，凶。利御寇。

六四：鸿渐于木，或得其桷⑤，无咎。

九五：鸿渐于陵，妇三岁不孕，终莫之胜⑥，吉。

上九：鸿渐于陆，其羽可用为仪⑦，吉。

【注释】

①干：河岸。

②小子：小孩。

③磐：大石头。

④衎衎（kàn）：欢乐的样子。

⑤桷（jué）：横平的树枝。

⑥莫：没有。　胜：欺侮。

⑦仪：仪表，威仪的装饰。

【译文】

《渐》卦：女子出嫁，吉利。利于持守贞正。

初六：鸿雁飞近河岸，就像小孩临水危险一样，会受到言语制止，不会有什么灾祸。

六二：鸿雁飞上大石，饮水进食，自得其乐。吉利。

九三；鸿雁飞近陆地，丈夫远征没回来，妻子怀孕而没有生养下来，凶险。利于抵御敌寇。

六四：鸿雁飞进树林，可能找到栖息的树枝。没有什么灾祸。

九五：鸿雁飞上山坡，妻子多年没有怀孕，却始终没有受到欺侮。吉利。

上九：鸿雁飞近陆地，美丽的羽毛可以用作威仪的装饰。吉利。

《彖》曰：渐之进也，女归吉也。进得位，往有功也。进以正，可以正邦也。其位刚得中也①。止而巽②，动不穷也。

【注释】

①刚得中：阳爻居于上体中位。

②止而巽：《渐》卦下艮上巽，艮为止。

【译文】

《彖传》说：逐渐地前进，譬如女子出嫁循礼渐进才是吉利。前进得到应有的地位，行动就会有功效。坚守正道的前进，可以端正邦国。阳刚居于中位，谦和而有止行，行动不会走到尽头。

《象》曰：山上有木①，渐。君子以居贤德善俗。"小子之厉"，义无咎也。"饮食衎衎"，不素饱也②。"夫征不复"，离群丑也③。"妇孕不育"，失其道也。

"利用御寇"，顺相保也。"或得其桷"，顺以巽也。"终莫之胜，吉"，得所愿也。"其羽可用为仪，吉"，不可乱也。

【注释】

①山上有木：《渐》卦上艮下巽，艮为山，巽为木。

②素饱：白吃饭。

③丑：同类。

【译文】

《象传》说：下艮上巽，艮为山，巽为木，山上有木，就是《渐》卦。君子据此修养德行改善风气。"小子之厉"，说明没有灾祸。"饮食衎衎"，说明不是白吃白喝。"夫征不复"，说明远离同类。"妇孕不育"，说明失去了正道。"利用御寇"，说明和顺可以相保。"或得其桷"，说明柔顺而且谦和。"终莫之胜，吉"，因为心愿得到实现。"其羽可用为仪，吉"，说明高洁志向没有淆乱。

扩展阅读

曾子将行，晏子送之曰："君子赠人以轩[①]，不若以言。吾请以言之以轩乎？"曾子曰："请以言。"晏子曰："今夫车轮，山之直木也，良匠揉之[②]，其圆中规，虽有槁暴[③]，不复赢矣[④]。故君子慎隐揉。和氏之璧，井里之困也，良工修之，则为存国之宝，故君子慎所修。今夫兰本，三年而成，湛之苦酒[⑤]，则君子不近，庶人不佩；湛之縻醢[⑥]，而贾匹马矣[⑦]。非兰本美也，所湛然也。愿子之必求所湛。婴闻之，君子居必择邻，游必就士，择居所以求士，求士所以辟患也。婴闻汩常移质[⑧]，习俗移性，不可不慎也。"

（《晏子春秋·内篇杂上》）

【注释】

①轩：车子。

②揉：弯曲。

③槁暴：晒干。

④蠃：挺直。

⑤湛：浸泡。

⑥麋醢（mí hǎi）：香酱。

⑦贾（gǔ）：买卖，交换。

⑧汩：外界的干扰。

【译文】

曾子将要离开，晏子为他送行，说："君子送给人车子，不如送给人善语。我是送给你善语呢，还是车子呢？"曾子说："请给我善语吧。"晏子说："现在的那些车轮，本是山中笔直的树木，灵巧的工匠使它弯曲，让它的圆度符合圆规，即使再加晒干，也不再挺直了。所以君子要慎重对待那种隐形的弯曲。和氏璧本来埋没在乡里，灵巧的工匠修治它，就成了镇国的宝物，所以君子用心修治自身。现在那兰草，三年长成，用苦酒浸泡过后，君子不亲近它，百姓也不佩带。若用香酱浸泡它，可以换来一匹马。不是兰草好，浸泡它的东西使它这样啊。希望您一定要找合适的浸泡物。我听说，君子居住一定选择邻居，交游一定靠近贤士。选择邻居是为了寻求贤士，寻求贤士是为了避开祸患。我听说，外界的干扰能改变人的本质，习惯风俗会改变人的性情，不能不谨慎呀。"

点　评

《渐》卦阴阳均分，而且位次逐渐上升，即所谓"进得位，往有功"，所以卦象代表着渐进之意。任何事情都有一个发展渐进的过程，它包括力量的从小到大，也涵盖事业的从好到坏，无论是正向的，还是反向的，都存在渐进过程：鸿雁渐渐而来，小孩渐渐成长，家庭渐渐组合，生活渐渐丰富，这是正向的“吉”；鸿雁渐渐离去，丈夫渐渐远行，容颜渐渐衰老，这是反向的 “凶”。如何把握“吉”的渐进，避开“凶”的渐进，《渐》卦告诉我们要 “刚得中” “进以正”“动不穷”，这样不但“无咎”，还“可以正邦”。晏子告诫曾子的话无疑体现了《渐》卦的道理：“汩常移质，习俗移性”，所以君子“居必择邻，游必就士”，与类相处，雁行向善，如此不但避患无祸，还会像美兰香草一样，人人亲附。

四十九　归妹崇实

䷵ 兑下震上

归妹：征凶，无攸利。

初九：归妹以娣[①]。跛能履[②]，征吉。

九二：眇能视[③]，利幽人之贞[④]。

六三：归妹以须[⑤]，反归以娣。

九四：归妹愆期[⑥]，迟归有时。

六五：帝乙归妹[⑦]，其君之袂不如其娣之袂良[⑧]。月几望[⑨]，吉。

上六：女承筐无实，士刲羊无血[⑩]，无攸利。

【注释】

①娣（dì）：妹妹。

②跛（bǒ）：腿脚生病。　履：走路。

③眇：眼睛生病。

④幽人：深闺女子。

⑤须：通“媭”，姐姐。

⑥愆（qiān）期：过期。

⑦帝乙：商王，殷纣王的父亲。

⑧袂（mèi）：衣袖，衣装。

⑨几：将要。　望：每个月的农历十五日。

⑩刲（kuī）：宰杀。

【译文】

《归妹》卦：出征，凶险。没有什么吉利。

初九：姊妹一同出嫁，腿脚生了病却能行走。出征，吉利。

九二：眼睛生了病却能看见，利于女子持守贞正。

六三：少女出嫁应等待其时，未当其时则以妹妹的身份返回，陪嫁夫家。

九四：出嫁少女误了佳期，迟迟不嫁等待时机。

六五：帝乙把自己的妹妹嫁给周文王，姐姐的衣装没有妹妹的华丽。就像将圆满时的月亮，美丽而谦逊，吉利。

上六：女子捧着筐，筐里没有果实；男子提刀杀羊，羊没有出血。没有什么吉利。

《彖》曰：归妹，天地之大义也。天地不交而万物不兴。归妹，人之终始也。说以动①，所归妹也。"征凶"，位不当也②。"无攸利"，柔乘刚也③。

【注释】

①说：通"悦"，和悦。

②位不当：二、四为阴位，阳爻居之；三、五为阳位，阴爻居之。

③柔乘刚：阴爻居于阳爻之上。

【译文】

《彖传》说：《归妹》卦，是天地之间的大义，天地不相交通，万物就不会兴盛。嫁出少女，人类才能终而复始。和悦而震动，就是《归妹》卦。"征凶"，是因为居位不当。"无攸利"，是因为阴柔在阳刚之上。

《象》曰：泽上有雷[①]，归妹。君子以永终知敝[②]。“归妹以娣”，以恒也[③]。“跛能履吉”，相承也。“利幽人之贞”，未变常也。“归妹以须”，未当也[④]。“愆期”之志，有待而行也。“帝乙归妹，不如其娣之袂良”也，其位在中[⑤]，以贵行也。上六无实，承虚筐也。

【注释】

①泽上有雷：《归妹》卦下兑上震，兑为泽，震为雷。

②敝：通“弊”，弊端。

③恒：常理。

④未当：三为阳位，阴爻居之。

⑤位在中：五为上体中位。

【译文】

《象传》说：下兑上震，兑为泽，震为雷，泽上有雷，就是《归妹》卦。君子据此坚守始终，预防弊端。“归妹以娣”，是诸侯婚嫁的常理。“跛能履吉”，是因为相互帮助。“利幽人之贞”，说明没有改变常道。“归妹以须”，说明居位不当。“愆期”的心志，说明等待时机而后行。“帝乙归妹，不如其娣之袂良”，说明居于中位，就应该保持尊贵的行为。上六没有果实，说明所捧的是空筐。

扩展阅读

楚王谓田鸠曰：“墨子者，显学也。其身体则可[①]，其言多而不辩[②]，何也？”曰：“昔秦伯嫁其女于晋公子，令晋为之饰装，从衣文之媵七十人[③]。至晋，晋人爱其妾而贱公女。此可谓善嫁妾而未可谓善嫁女也。楚人有卖其珠于郑者，为木兰之椟，薰以桂椒[④]，缀以珠玉，饰以玫瑰，辑以翡翠。郑人买其椟而还其珠。此可谓善卖椟矣，未可谓善鬻珠也[⑤]。今世之谈也，皆道辩说文辞之言，人主览其文而忘有用。墨子之说，传先王之道，论圣人之言，以宣告人。若辩其辞，则恐人怀其文，忘其直⑥，以文害用也。此与楚人鬻珠、秦伯嫁女同类，故其言多不辩。”

（《韩非子·外储说左上》）

【注释】

①体：实践，体察。

②辩：修饰，动听。

③媵（yìng）：陪嫁的人。

④薰：通“熏”。

⑤鬻（yù）：卖。

⑥直：通“值”。

【译文】

楚王对田鸠说：“墨子是个声名显赫的学者。他亲自实践倒还可以，他讲的话很多，但都不动听，为什么呢？”田鸠说：“从前秦国君主把女儿嫁给晋国公子，叫晋国为他女儿准备好装饰，但却让七十个衣着华丽的陪嫁女子跟着。到了晋国，晋国人喜欢陪嫁媵妾，却看不起秦伯的女儿。这可以叫做善于嫁妾，而不能说是善于嫁女。楚国有个在郑国卖宝珠的人，他用木兰做了一个匣子，匣子用香料熏过，用珠玉作点缀，用玫瑰装饰，用翡翠连接。郑国人买了他的匣子，却把珠子还给了他。这可以叫做善于卖匣子，不能说是善于卖宝珠。现在社会上的言论，都是一些漂亮动听的话，君主只看文采而不管它是否有用。墨子的学说，传扬先王道术，阐明圣人言论，希望广泛地告知人们。如果修饰文辞的话，他就担心人们会留意于文采而忘了它的内在价值，从而造成因为文辞而损害实用的恶果。这和楚人卖宝珠、秦君嫁女儿是同样的道理，所以墨子的话很多都不动听。”

点评

《归妹》卦阴柔在上，阳刚在下，所以利于女子出嫁，而不利于出征远行，这也是爻辞一再出现归妹嫁女的原因。但是，《归妹》卦告诉我们的不单单是婚姻嫁娶，其中更有为人处世的深刻道理：婚姻嫁娶之时，新娘、新郎无疑是活动的主角，目光的焦点，他们地位重要，衣着服饰应该有所突出，即“其位在中”，应“以贵行”。如果一味谦让，新娘之“袂”还不如陪嫁之“袂良”，就必然造成秦伯嫁女的后果。更为重要的是，言语行动要讲究实际效果，不能做做样子，夸夸其谈，像“承筐无实”“刲羊无血”的表面文章必然“无攸利”。墨子之所以不饰文辞，就是害怕世人“览其文而忘有用”，进而造成“善卖椟”而非“善卖珠”的错误。

五十　丰卦盛大

䷶ 离下震上

丰：亨，王假之[①]。勿忧，宜日中。

初九：遇其配主[②]，虽旬无咎[③]，往有尚[④]。

六二：丰其蔀[⑤]，日中见斗。往得疑疾[⑥]，有孚发若[⑦]，吉。

九三：丰其沛[⑧]，日中见沬[⑨]，折其右肱，无咎。

九四：丰其蔀，日中见斗，遇其夷主[⑩]，吉。

六五：来章[⑪]，有庆誉，吉。

上六：丰其屋，蔀其家，窥其户，阒其无人[⑫]，三岁不觌[⑬]，凶。

【注释】

①假：通"格"，至。

②配主：或作"妃主"，女主人。

③旬：十天。

④尚：通"赏"，嘉赏。

⑤蔀（bù）：遮蔽。

⑥疑：可能。

⑦发：行动，行事。

⑧沛：幡幔。

⑨沫：小星星。

⑩夷：指东方。

⑪章：通"璋"，美玉。

⑫阒（qù）：寂静。

⑬觌（dí）：看见。

【译文】

《丰》卦：亨通，君王到达盛大的境界。不必担心，正像中午的太阳一样光辉四射。

初九：遇到与自己相匹配的配偶，即便等十天也没有过错，前往必得嘉赏。

六二：阳光像被茂盛的草丛遮蔽，中午看见了北斗星。前行可能会生病，心怀诚信地行事，吉利。

九三：大幔遮住了太阳，中午看见了小星星。虽然折断了右臂，但没有大的灾祸。

九四：阳光像被茂盛的草丛遮蔽，中午看见了北斗星。遇到了东方的君主，吉利。

六五：获得美玉，大家庆贺称赞，吉利。

上六：宽大的屋子，被茂盛的草丛遮蔽。从窗户上窥视，寂静无人。多年不见人影，凶险。

《彖》曰：丰，大也。明以动[①]，故丰。"王假之"，尚大也[②]。"勿忧，宜日中"，宜照天下也。日中则昃，月盈则食，天地盈虚，与时消息[③]，而况于人乎，况于鬼神乎？

【注释】

①明以动：《丰》卦下离上震，离为明，震为动。

②尚：崇尚。

③消：消退。　息：生长。

【译文】

《彖传》说：《丰》卦，盛大。光明而且运动，所以成果丰盛。“王假之”，说明崇尚盛大。“勿忧，宜日中”，说明光辉普照天下。太阳升到正中便会西偏，月亮圆满便会亏缺，天地之间存在盈满亏虚，它们都随着时间的推移而变化，更何况人事呢？又何况鬼神之事呢？

《象》曰：雷电皆至[1]，丰。君子以折狱致刑[2]。“虽旬无咎”，过旬灾也。“有孚发若”，信以发志也[3]。“丰其沛”，不可大事也。“折其右肱”，终不可用也。“丰其蔀”，位不当也[4]。“日中见斗”，幽不明也。“遇其夷主”，吉行也。六五之吉，有庆也。“丰其屋”，天际翔也。“窥其户，阒其无人”，自藏也。

【注释】

①雷电皆至：《丰》卦上震下离，震为雷，离为电。

②折：审理。　致：施用。

③发：感发。

④位不当：四为阴位，阳爻居之。

【译文】

《象传》说：上震下离，震为雷，离为电，雷电都来，就是《丰》卦。君子据此审理狱案，施用刑罚。“虽旬无咎”，说明过了十天可能有灾祸。“有孚发若”，诚信足以感发心志。“丰其沛”，说明不可施行大事。“折其右肱”，说明终究没能施用才能。“丰其蔀”，说明居位不当。“日中见斗”，说明幽暗不见光明。“遇其夷主”，说明前行吉利。

六五之吉，是因为值得庆祝。“丰其屋”，说明如同在天际飞翔。“窥其户，阒其无人”，说明深藏自闭。

扩展阅读

地大国富，人众兵强，此霸王之本也，然而与危亡为邻矣。天道之数[①]，人心之变：天道之数，至则反[②]，盛则衰；人心之变，有余则骄，骄则缓怠。夫骄者，骄诸侯，骄诸侯者，诸侯失于外；缓怠者，民乱于内。诸侯失于外，民乱于内，天道也，此危亡之时也。若夫地虽大，而不并兼，不攘夺[③]；人虽众，不缓怠，不傲下；国虽富，不侈泰[④]，不纵欲；兵虽强，不轻侮诸侯，动众用兵必为天下政理，此正天下之本而霸王之主也。

（《管子·重令》）

【注释】

①数：规则，规律。

②反：通“返”。

③攘：掠夺。

④侈泰：奢侈。

【译文】

土地广大，国家富足，人口众多，兵力强盛，这是称霸称王的根本，然而也与危亡紧密相邻。这是天道的规律和人心变化的情况：天道的规律是，事物发展到极致则会走向反面，发展到极盛则会走向衰落；人心的变化是，富足就会骄傲，骄傲就会松弛懈怠。骄傲就是对各国诸侯的骄傲。对各国诸侯骄傲，在外就会失去诸侯的支持；而松弛懈怠就会在内造成人民的叛乱。在外失掉诸侯的支持，在内人民发动叛乱，这正是天道的体现，也是危亡的时刻。假使国土虽大而不进行兼并，也不掠夺；人口虽多而不松弛懈怠，也不傲视臣民；国家虽富而不奢侈，也不纵欲；兵力虽强而不轻侮诸侯，兴师动众只是为了伸张天下的正理，这才是匡正天下的根本，而可成为称霸称王的君主。

点评

《丰》卦下离上震，离为电，震为雷，电为明，雷为动，所以卦象就是光明而且利于行动，大好之象，丰收之意，这也是卦辞一再强调“丰，亨”“ 丰，大”的原因所在。《丰》卦代表着丰满盛大，象征着志满意得，就像正午的太阳一样光辉普照天下四方。如日中天，让人欢乐，但也让人忧虑，因为“日中则昃，月盈则食”的道理乃是“天道之数”，所以盛大丰满的另一面便是“与危亡为邻”。因此《丰》卦不断告诫人们在丰满盛大之时应保持戒惧之心，即爻辞所谓“日中见斗”“日中见沬”，因为有了戒惧，有了居安思危，才能“勿忧，宜日中”。这也是《管子》强调“人虽众，不缓怠，不傲下；国虽富，不侈泰，不纵欲”的原因所在。

五十一 旅卦明刑

䷷ 艮下离上

旅：小亨。旅贞吉。

初六：旅琐琐①，斯其所取，灾。

六二：旅即次②，怀其资，得童仆，贞。

九三：旅焚其次，丧其童仆③，贞厉。

九四：旅于处，得其资斧④，我心不快。

六五：射雉⑤，一矢亡，终以誉命⑥。

上九：鸟焚其巢，旅人先笑后号咷⑦。丧牛于易⑧，凶。

【注释】

①琐琐：斤斤计较的样子。

②即：接近。 次：家居。在内为次，在外为舍。

③丧：丢失，走丢。

④斧：钱财。

⑤雉：山鸡。

⑥命：通“名”，名声。

⑦号咷：嚎啕大哭。

⑧易：古国名，有易，传说商人王亥赶着牛车到有易国去做买卖，结果被有易人杀死，夺走了牛车。

【译文】

《旅》卦：小事亨通。旅行中持守贞正吉利。

初六：旅途斤斤计较，处处有所求有所取，必有灾殃。

六二：快要走到停留的地方，怀揣钱财，买来童仆，坚守贞正。

九三：停留的地方失火了，童仆也走失了，坚守贞正以防危险。

九四：走到住处，虽然赚了钱财，但心里却不高兴。

六五：搭箭射山鸡，一箭中的，得到好的名声。

上六：鸟巢失火了，旅途的人先是高兴欢笑，后来却嚎啕大哭。有易人抢去了牛车，凶险。

《彖》曰："旅小亨"，柔得中乎外，而顺乎刚[1]，止而丽乎明[2]，是以"小亨，旅贞吉"也。旅之时义大矣哉！

【注释】

①柔得中乎外：六五居中，且在外卦《离》中。　顺乎刚：六五以阴柔之性顺承于上九，上九为阳刚。

②止：《旅》卦下艮，艮为止。　丽：依附。

【译文】

《彖传》说："旅小亨"，阴柔居于外卦《离》中正之位，又顺从于阳刚，有所止而又依附于光明，所以"小亨，旅贞吉"。《旅》卦因时而用，意义重大！

《象》曰：山上有火[1]，旅。君子以明慎用刑而不留狱[2]。"旅琐琐"，志穷灾也[3]。"得童仆，贞"，终无尤也[4]。"旅焚其次"，亦以伤矣。以旅与下[5]，其义丧也。“旅于处”，未得位也[6]。“得其资斧”，心未快也。“终以誉命”，上逮也。以旅在上[7]，其义焚也。“丧牛于易”，终莫之闻也[8]。

【注释】

①山上有火：《旅》卦下艮上离，艮为山，离为火。

②留：拖延。

③穷：穷尽。

④尤：通“忧”，忧愁。

⑤与下：与下人一起。

⑥未得位：四为阴位，阳爻居之。

⑦在上：居于上位。

⑧莫：没有人。　闻：关注，关心。

【译文】

《象传》说：下艮上离，艮为山，离为火，山上有火，就是《旅》卦。君子据此明察、慎重地执行刑罚，不拖延案狱。“旅琐琐”，会心志穷尽，获得灾殃。“得童仆，贞”，说明最终没有忧愁。“旅焚其次”，是值得悲伤的事。与下人旅行，说明会有所损失。“旅于处”，说明居位不当。“得其资斧”，但心情却不甚畅快。“终以誉命”，是因为顺从上德。旅行之中处于上位，说明有失火的灾祸。“丧牛于易”，说明没有人关心他。

扩展阅读

晋侯之弟扬干乱行于曲梁[1]，魏绛戮其仆[2]。晋侯怒，谓羊舌赤曰[3]：“合诸侯[4]，以为荣也。扬干为戮，何辱如之？必杀魏绛，无失也！”对曰：“绛无贰志，事君不辟难，有罪不逃刑。其将来辞[5]，何辱命焉！”言终，魏绛至。授仆人书，将伏剑。士鲂、张老止之[⑥]。

公读其书曰："日君乏使，使臣斯司马[⑦]。臣闻'师众以顺为武，军事有死无犯为敬。'君合诸侯，臣敢不敬？君师不武，执事不敬，罪莫大焉！臣惧其死，以及扬干，无所逃罪。不能致训，至于用钺[⑧]，臣之罪重。敢有不从，以怒君心？请归死于司寇[⑨]。"公跣而出[⑩]，曰："寡人之言，亲爱也；吾子之讨，军礼也，寡人有弟，弗能教训，使干大命，寡人之过也。子无重寡人之过，敢以为请。"

晋侯以魏绛为能以刑佐民矣[⑪]，反役，与之礼食，使佐新军[⑫]。

（《左传·襄公三年》）

【注释】

①晋侯：晋悼公，公元前573年—前558年在位。　曲梁：在今河北省永年县广平镇东北。

②魏绛：时任晋国中军司马。

③羊舌赤：时任中军尉的副职。

④合诸侯：指"鸡泽会盟"。

⑤辞：说明情况。

⑥士鲂（fáng）：晋国的卿大夫，时任新军主帅。　张老：时任中军候奄，是负责侦察敌情的官员。

⑦司马：军中的法官，掌管军政军法，训练卒乘，严肃军纪。

⑧钺（yuè）：青铜或铁制的大斧。

⑨司寇：国家的刑官，掌管刑狱、纠察官吏。

⑩跣（xiǎn）：光着脚。

⑪佐：帮助治理。

⑫新军：晋国在上中下三军之外又设立一军，名新军。

【译文】

晋悼公的弟弟扬干在曲梁扰乱军队的行列，魏绛杀了他的驾车人。晋悼公发怒，对羊舌赤说："会合诸侯，是以此为光荣。扬干受到侮辱，还有什么侮辱比这更大？一定要杀掉魏绛，不要耽误了。”羊舌赤回答说：“魏绛一心为公，事奉国君不避危难，有了罪过不逃避惩罚，恐怕会来说明的，何必劳动国君发布命令呢？”话刚说完，魏绛来到，把自己写的信交给仆人，准备拔剑自杀。士鲂、张老劝阻了他。

晋悼公读魏绛的信，上面说：“以前国君缺乏使唤的人，让下臣担任司马的职务。下臣听说‘军队里的人服从军纪叫做武，在军队里做事宁死也不触犯军纪叫做敬’。国君会合诸侯，下臣岂敢不敬？国君的军队不武，办事的人不敬，没有比这更大的罪过了。下臣畏惧触犯死罪，所以连累到扬干，罪责无可逃避。下臣不能够事先教导全军，以至于动用了斧钺，下臣的罪过很重，岂敢不服从惩罚来激怒君王呢？请求回去死在司寇那里。”晋悼公光着脚赶紧走出来，说：“我的话，是出于对兄弟的亲爱；您惩罚扬干，是按军法从事。我有弟弟，没有能够教导他，而让他触犯了军令，这是我的过错。您不要加重我的过错，谨以此作为请求。”

晋悼公认为魏绛能够用刑罚治理百姓，从鸡泽会盟回国后，专门设宴招待他，任命他做新军副帅。

点评

《旅》卦下艮上离，艮为山，离为火，山上有火，卦象代表着行事过程中所出现的意外。爻辞中“旅焚其次”“鸟焚其巢”“丧其童仆”即是这种意外事件的象征。面对意外，聪明的做法是稳定心神、保持冷静，即所谓“贞”，这样才能免除危险，获得吉祥。在治国行政方面，《旅》卦所告诉我们的道理便是明察秋毫、公平公正地执行刑罚，这样不但“无尤”，更会获得“誉命”。晋侯的弟弟扬干依恃权贵违法乱纪，作为军中司法官的魏绛是执行军法，还是屈从权贵呢？显然，魏绛选择了前者，这一选择虽然造成了暂时的误会，但最终却赢得了晋侯的认可和嘉奖：这就是“明慎用刑”所带来的“终以誉命”。

五十二　巽卦申命

☴ 巽下巽上

巽：小亨。利有攸往。利见大人。

初六：进退，利武人之贞。

九二：巽在床下[①]，用史巫纷若[②]，吉，无咎。

九三：频巽[③]，吝。

六四：悔亡，田获三品[④]。

九五：贞吉，悔亡，无不利，无初有终。先庚三日[⑤]，后庚三日，吉。

上九：巽在床下，丧其资斧，贞凶。

【注释】

①巽：谦逊，顺伏。　床：神案。

②史巫：占卜祭祀的人员。　纷：多。

③频：通“颦”，皱眉头。

④三：意为多。　品：种类。

⑤先庚三日：古人用十天干记日，在庚日之前三日是丁日。

【译文】

《巽》卦：小事亨通，利于出行，利于出现大人。

初六：或进或退，利于勇武之人坚守贞正。

九二：顺伏在神案之下，用众多史巫迎神，吉利，没有灾祸。

九三：愁眉不展地顺从，有艰难。

六四：没有悔恨，打猎得到了多种猎物。

九五：坚守贞正吉利，没有悔恨，行事开始不顺利，但终究取得好结果，从丁日到癸日行事，吉利。

上九：顺伏在神案下，丧失了钱财，坚守贞正以防凶险。

《彖》曰：重巽以申命[①]。刚巽乎中正而志行[②]。柔皆顺乎刚[③]，是以“小亨，利有攸往，利见大人”。

【注释】

①重巽：《巽》卦上下均为巽，两巽相重。

②刚巽乎中正：阳爻居于二、五中位。

③柔皆顺乎刚：阴爻居于阳爻之下。

【译文】

《彖传》说：两巽相重以申扬政命，阳刚顺从于中正之道，志向得到推行。阴柔均顺从于阳刚，所以“小亨，利有攸往，利见大人”。

《象》曰：随风[①]，巽。君子以申命行事。“进退”，志疑也。“利武人之贞”，志治也[②]。“纷若之吉”，得中也[③]。“频巽之吝”，志穷也。“田获三品”，有功也。九五之吉，位正中也[④]。“巽在床下”，上穷也[⑤]。“丧其资斧”，正乎凶也。

【注释】

①随风：《巽》卦两风相随，巽为风。

②治：修治。

③得中：阳爻居于下体中位。

④位正中：阳爻居于上体中位。

⑤上：上位。

【译文】

《象传》说：两风相随，就是《巽》卦。君子据此申扬政令，施行政事。“进退”，说明心有疑虑。“利武人之贞”，说明心志得以修治。“纷若之吉”，因为居于中位。“频巽之吝”，因为心志穷困。“田获三品”，说明取得功效。九五之吉，因为坚守中正。“巽在床下”，说明居上穷尽。“丧其资斧”，说明坚守贞正以防凶险。

扩展阅读

理国之道，地德为首。君臣之礼，父子之亲，覆育万人。官府之藏，强兵保国，城郭之险，外应四极，具取之地。而市者，天地之财具也[①]。而万人之所和而利也，正是道也。民荒无苛[②]，人尽地之职，一保其国。各主异位，毋使馋人乱替，而德营九军之亲[③]。关者，诸侯之陬隧也[④]，而外财之门户也，万人之道行也。明道以重告之：征于关者，勿征于市；征于市者，勿征于关；虚车勿索，徒负勿入，以来远人，十六道同[⑤]。身外事谨，则听其名，视其色，是其事，稽其德，以观其外。则无敦于权人[⑥]，以困貌德。国则不惑，行之职也。问于边吏曰：小利害信，小怒伤义，边信伤德[⑦]，厚和构四国，以顺貌德，后乡四极。令守法之官曰：行度必明，无失经常。

（《管子·问》）

【注释】

①具：通“聚”，会聚。

②荒：流亡。 苛：同“亟”，急迫。

③九军：九州。

④陬（zōu）隧：边地要道。

⑤十六道：齐国的十六条关隘。

⑥敦：敦厚。

⑦边信：偏信。

【译文】

治国之道，应该以地德为首要。君臣之间的礼数，父子之间的亲情，能覆盖化育万民。官府的储藏，用来增强兵力保卫国家；城郭的险要，用来应对外部四方的进攻，这些都取自于土地。市场是天地之间财物会聚的场所，万民之所以进入市场交易而得利，就是因为这个道理。百姓流亡不必着急，只要使地尽其职，仍会一齐保住国家。市场上货主各有其位，不要让邪恶的人扰乱替换，那么德泽将遍及九州的亲人。关隘是诸侯各国的边界要道，国外财物进入的门户，万民百姓行走的路径。应该彰明道路的法令并反复宣告：征收关税的，入市不再征税；征收市税的，出关不再征税；空车经过不索取，徒步负重不收税，用于招徕远人，十六道一同服从此令。国外使者来觐见，要听他的名声，看他的神色，观察他的行事，稽查他的德行，再观察他的外表。这样就不会被那些貌似敦厚的奸人所迷惑。国家没有陷于迷惑，这是掌管道路的职责。告示边境官吏说：贪图小利有害于信用，乱发小怒有害于仁义，偏执地信任一方有害于德行，和睦交结周边国家，来完善德行，使之遍及四方。命令执法官吏说：执行法令必须严明，不要违反常度。

点 评

《巽》卦两巽相叠，巽为风，两巽就代表着和风相随。风向的变化反映着时令的变迁：东风徐徐，寓示着春天的到来；南风飒飒，代表着夏季的来临；西风送爽，昭示着秋天的脚步；北风呼啸，象征着冬天的降临。自然界的时令，又对应着人类社会的政令，所以两风相随的卦象预示着“君子以申命行事”。“申命”即申扬政令，这样做的目的不仅仅为了诏告四方明确法令，更是为了进一步确认法令的合理性，诏告天下必须施行，执行政令就怕在“进退”中犹豫不决，因为这样不但无利于事，还会陷入凶险之境。《管子》之所以“明道以重告之”，又告于“边吏”“令守法之官”，原因就在于“申命”关乎一个国家的兴旺发达。

五十三　节卦节俭

䷻ 兑下坎上

节：亨。苦节[①]，不可贞[②]。

初九：不出户庭，无咎。

九二：不出门庭，凶。

六三：不节若[③]，则嗟若，无咎。

六四：安节。亨。

九五：甘节[④]，吉，往有尚[⑤]。

上六：苦节，贞凶，悔亡。

【注释】

①苦节：过度的节制。

②贞：贞固，固守。

③若：句尾的助词。

④甘：甘心，快乐。

⑤尚：通“赏”，嘉赏。

【译文】

《节》卦：亨通。过度的节制，不可固守。

初九：不出门户庭院，没有什么灾祸。

九二：不出大门庭院，凶险。

六三：不自我节制，就会愁苦叹息。没有什么灾祸。

六四：安于自我节制，必然亨通。

九五：乐于自我节制，吉利。出行会得到嘉赏。

上六：过度的节制令人苦痛，应持守贞正以防凶险，如此会没有悔恨。

《彖》曰："节，亨"，刚柔分而刚得中①。"苦节，不可贞"，其道穷也。说以行险②，当位以节③，中正以通。天地节而四时成。节以制度，不伤财，不害民。

【注释】

①刚柔分：《节》卦三个阳爻、三个阴爻。 刚得中：阳爻居于二、五中位。

②说：通"悦"，和悦。

③当位：五为阳位，阳爻居之。

【译文】

《彖传》说："节，亨"，阳刚与阴柔均分，阳刚居于中位。"苦节，不可贞"，因为道路穷尽。行于险境而和悦，适度地加以节制，坚守中正之道就会畅通。天地有节制，四季循环不已。若以典章制度、度量尺度为节制，不浪费钱财，也不伤害民众。

《象》曰：泽上有水①，节。君子以制数度②，议德行。"不出户庭"，知通塞也③。"不出门庭，凶"，失时极也④。"不节之嗟"，又谁咎也⑤？"安节之亨"，承上道也⑥。"甘节之吉"，居位中也⑦。"苦节，贞凶"，其道穷也。

【注释】

①泽上有水：《节》卦下兑上坎，兑为泽，坎为水。

②数度：法度。

③知：知晓。　通塞：畅通、阻塞。

④时极：时机。

⑤咎：归罪。

⑥承上道：上承九五之道。

⑦居位中：阳爻居于中位。

【译文】

《象传》说：下兑上坎，兑为泽，坎为水，泽上有水，就是《节》卦。君子据此制定法度，讲求德行。“不出户庭”，说明深知畅通和阻塞之道。“不出门庭，凶”，说明丧失了时机。“不节之嗟”，又怪谁呢？“安节之亨”，因为上承于中正之道。“甘节之吉”，说明居于中正之位。“苦节，贞凶”，说明道路穷尽。

扩展阅读

王问于范蠡曰：“节事奈何？”对曰：“节事者与地。唯地能包万物以为一，其事不失。生万物，容畜禽兽，然后受其名而兼其利。美恶皆成，以养其生。时不至，不可强生；事不究，不可强成。自若以处，以度天下。待其来者而正之，因时之所宜而定之。同男女之功，除民之害，以避天殃。田野开辟，府仓实，民众殷。无旷其众，以为乱梯。时将有反[1]，事将有间[2]，必有以知天地之恒制，乃可以有天下之成利。事无间，时无反，则抚民保教以须之[3]。”王曰：“不谷之国家[4]，蠡之国家也，蠡其图之！”对曰：“四封之内，百姓之事，时节三乐，不乱民功，不逆天时，五谷睦熟，民乃蕃滋，君臣上下交得其志，蠡不如种也。四封之外，敌国之制，立断之事，因阴阳之恒，顺天地之常，柔而不屈，强而不刚，德虐之行[5]，因以为常；死生因天地之刑，天因人，圣人因天；人自生之，天地形之，圣人因而成之，是故战胜而不报⑥，取地而不反，兵胜于外，福生于内，用力甚少，而名声章明⑦，种亦不如蠡也。”王曰：“诺。”令大夫种为之。

（《国语·越语下》）

【注释】

①反：反复。

②间：间隙。

③须：等待。

④不谷：君主的自称。

⑤德虐：赏罚。

⑥报：报复。

⑦章：通“彰”。

【译文】

越王向范蠡请教说：“有节制是什么意思呢？”范蠡回答说：“有节制就应当顺从地道。只有大地能包容万物成为一个整体，任何事物都不遗漏。大地生长万物，畜养飞禽走兽，然后享受它应得的名声和利益。不论好坏，大地都使之成长以养活生命。时令不到，万物不能勉强生长；工夫不够，也不能勉强成事。顺乎自然，权衡天下大势，等待时机的来临加以匡正，在适宜的时机下使天下稳定。君王应和男女百姓共同从事耕织，去除百姓的祸害，躲避上天的灾殃。要开垦田野，使国库充实，让百姓富足。不要让民众旷时废业，以致成为祸乱的阶梯。天时将会有反复，事情也会有间隙可乘，只有懂得天地的常规，才能取得天下既成的利益。如果事情一时还没有间隙可乘，天时还没有转化的迹象，就应安抚教育民众，以等待时机。”越王说：“我的国家就是你范蠡的国家，你好好谋划吧！”范蠡答道：“在国境以内，那些治理百姓的事，节制春夏秋三季的游乐活动，不扰乱农事，不违反农时，使五谷丰登，人口繁衍增加，让君臣上下都满意：这些事情我不如文种。在国境以外，对付敌国，决断大事，顺应阴阳的变化和天地的常规，做到柔顺而不屈服，坚强而不刚硬。施行赏罚以天地为常法，生杀大权以天地为准则，天根据人，圣人根据天。人怎么行动，天地就显示什么样的征兆，圣人根据天地的征兆去完成大事。所以能战胜敌人而不给它报复的机会，夺取敌人的土地而不让它夺回；军队在国外取得胜利，给国内带来幸福；用力很少，却名声卓著：这些事情，文种却不如我。”越王说：“好吧。”于是就让文种治理内政。

点评

《节》卦三阳爻三阴爻，阴阳均分，阳刚居于中位；下兑上坎，兑为泽，坎为水，水泽相合，处于有湖有水、阴阳并盛的地利，这代表着和悦柔顺的有利形势。然而，《节》卦的重点却不是让我们享受这有湖有水的大好形势，而是一再提醒我们节制。自我节制是一种美德，更会带来实际的利益，即亨通：居家节制，“不伤财”；居官节制，“不害民”。但节制也分层次，“安节”会亨通，“甘节”会吉祥，“苦节”则会凶险，所以“不可贞”。范蠡所说的“节事者与地”以及“百姓之事，时节三乐”指的就是“节以制度”，因为“不乱民功，不逆天时”，才能“五谷睦熟，民乃蕃滋”，上下相和，进而实现国富民强。所以，节制不只是生活作风问题，更关乎国家的兴衰。

五十四　中孚诚信

䷼ 兑下巽上

中孚：豚鱼[①]，吉。利涉大川，利贞。

初九：虞吉[②]，有它不燕[③]。

九二：鸣鹤在阴[④]，其子和之。我有好爵[⑤]，吾与尔靡之[⑥]。

六三：得敌[⑦]，或鼓或罢，或泣或歌。

六四：月几望[⑧]，马匹亡，无咎。

九五：有孚挛如[⑨]，无咎。

上九：翰音登于天[⑩]，贞凶。

【注释】

①豚（tún）：猪。

②虞：安神的祭祀。

③燕：安也，安宁。

④阴：通“荫”，树荫。

⑤爵：酒杯，意为酒。

⑥靡：共同。

⑦得：取，克。

⑧望：每月的农历十五为望。

⑨挛如：相互牵系，联结。

⑩翰音：公鸡啼鸣。　登：上升。

【译文】

《中孚》卦：祭祀时献上猪和鱼，吉利。利于渡过大江大河，利于持守贞正。

初九：安神的祭祀，吉利。如有变故，就不安宁。

九二：白鹤在树荫下鸣叫，小鹤应声附和。我有美酒，与你一起共饮同享。

六三：战胜敌人，有的击鼓追击，有的疲惫败退，有的高兴流泪，有的放声歌唱。

六四：月近十五的时候，马丢失了自己的匹配，没有什么灾祸。

九五：心怀诚信，携手共济，没有什么灾祸。

上九：金鸡啼鸣，响彻天空，持守贞正以防凶险。

《彖》曰：中孚，柔在内而刚得中[①]，说而巽[②]，孚乃化邦也。“豚鱼吉”，信及豚鱼也。“利涉大川”，乘木舟虚也[③]。中孚以利贞，乃应乎天也。

【注释】

①柔在内：《中孚》卦三、四位为阴爻，居于卦象的中间。刚得中：阳爻居于二、五两位。

②说：通“悦”，和悦。　巽：谦逊。

③木舟：卦象三、四两位为阴爻，如同中空的木船。

【译文】

《彖传》说：《中孚》卦，阴柔在内，阳刚居于中位，和悦又谦逊，心怀诚信，可以教化天下邦国。“豚鱼吉”，说明猪和鱼寄托着心中的诚信。“利涉大川”，因为卦象如同一艘中空的木船。心怀诚信，利于持守贞正，这是顺应了天道。

《象》曰：泽上有风[①]，中孚。君子以议狱缓死。初九“虞吉”，志未变也。“其子和之”，中心愿也。“或鼓或罢”，位不当也[②]。“马匹亡”，绝类上也[③]。“有孚挛如”，位正当也[④]。“翰音登于天”，何可长也？

【注释】

①泽上有风：《中孚卦》下兑上巽，兑为泽，巽为风。

②位不当：三为阳位，阴爻居之。

③类：同类。　绝类：四为阴爻，五、上都为阳爻，四位以上没有同类，所以称“绝类”。

④位正当：五为阳位，阳爻居之。

【译文】

《象传》说：下兑上巽，兑为泽，巽为风，泽上有风，就是《中孚》卦。君子据此审理刑狱，宽缓死刑。初九“虞吉”，说明心志没有改变。“其子和之”，说明是发自内心的真诚愿望。“或鼓或罢”，说明居位不当。“马匹亡”，因为断绝了与自己匹配的同类而上承于九五的缘故。“有孚挛如”，说明居位正当。“翰音登于天”，这种声音怎么能持续长久呢？

扩展阅读

延陵季子将西聘晋[①]，带宝剑以过徐君[②]，徐君观剑，不言而色欲之。延陵季子为有上国之使[③]，未献也，然其心许之矣，使于晋，顾反[④]，则徐君死于楚，于是脱剑致之嗣君[⑤]。从者止之曰：“此吴国之宝，非所以赠也。”延陵季子曰：“吾非赠之也，先日吾来，徐君观吾剑，不言而其色欲之，吾为上国之使，未献也。虽然，吾心许之矣。今死而不进，是欺心也。爱剑伪心[⑥]，廉者不为也[7]。”遂脱剑致之嗣君。嗣君曰：“先君无命，孤不敢受剑。”于是季子以剑带徐君墓树而去。徐人嘉而歌之曰：“延陵季子兮不忘故，脱千金之剑兮带丘墓。”

（《新序·节士》）

【注释】

①延陵：地名，在今江苏省常州市。　季子：季札，吴王寿梦的少子，因封于延陵，故称“延陵季子”。　聘晋：出使晋国，访问晋国。

②过：拜访。　徐君：徐国国君，徐国是春秋时期的一个诸侯国，在今安徽省泗县一带。

③上国：晋国。

④反：通“返”，返回。

⑤脱：解下。　嗣君：继位的国君。

⑥伪心：违背良心。

⑦廉者：正直的人。

【译文】

延陵季子将要西行访问晋国，佩带着宝剑先拜访了徐国国君。徐国国君观赏季子的宝剑，嘴上没有说什么，但脸色透露出想要宝剑的意思。延陵季子因为有出使上国的任务，就没有把宝剑献给徐国国君，但是他心里已经答应给他了。季子在完成出使晋国的任务后，从原路返回经过徐国时，徐国国君已经死在了楚国。于是，季子解下宝剑送给继位的徐国国君。随从人员阻止他说：“这是吴国的宝物，不宜用来送人。”延陵季子说：“我不是用它来送人的。前些日子我经过这里，徐国国君观赏我的这把剑，虽然没有说什么，但他的脸上却透露出想要这把剑的表情。我因为有出使上国的任务，当时没有献给他。虽是这样，但我心里已经答应给他了。如今他死了，就不再把剑进献给他，这是欺骗我自己的良心。因为爱惜宝剑而违背自己的良心，正直的人是不会这样做的。”于是，季子把解下来的宝剑送给了继位的徐国国君。继位的徐国国君说："先君没有留下遗命，我是不敢接受这把宝剑的。"于是，季子把宝剑挂在徐国国君墓地的树上就走了。徐国人赞美延陵季子的行为，歌唱道："延陵季子啊，不忘故旧的情谊，解下千金之剑挂在徐君的墓地。"

点 评

孔子说："人而无信，不知其可也""民无信不立"。的确，诚信是一个人的立身之本、处事之道，它反映一个人的道德修养和精神风貌，所以说"君子修身，莫善于诚信"。《中孚》卦所强调的就是诚信：心怀诚信，携手共济，不但无咎，更有利于渡过像大江大河一样的险境。以诚待人如同"鸣鹤在阴，其子和之"，必然会取信于人获得爱戴，进而使邦国平安，这也许是"孚乃化邦"所暗含的深意。与语言相比，诚信更注重内心，这也是"翰音登于天"值得警惕的原因。"季札挂剑"中的承诺显然就是一种内心的诚信——"心许之"，它虽然没有言语的承诺，但对于季札来说，心中的承诺、无言的默许也需要践行，不然就是"欺心"。季札的行为让我们领略了什么才是真正的诚信。

五十五 小过时遇

䷽ 艮下震上

小过：亨，利贞。可小事，不可大事。飞鸟遗之音[①]，不宜上，宜下，大吉。

初六：飞鸟以凶。

六二：过其祖[②]，遇其妣[③]。不及其君，遇其臣。无咎。

九三：弗过防之，从或戕之[④]，凶。

九四：无咎，弗过遇之。往厉必戒[⑤]，勿用，永贞。

六五：密云不雨，自我西郊。公弋取彼在穴[⑥]。

上六：弗遇过之，飞鸟离之[⑦]，凶，是谓灾眚[⑧]。

【注释】

①遗：留下。

②祖：祖父。

③妣（bǐ）：祖母。

④或：可能。 戕（qiāng）：杀害。

⑤戒：警惕。

⑥弋：用带绳的箭射。

⑦离：通“罹”，遭受。

⑧灾眚（shěng）：灾祸。

【译文】

《小过》卦：亨通，利于持守贞正。小事有利，大事不利。飞鸟传来鸣叫，不宜向上飞，只宜向下栖息，大吉大利。

初六：飞鸟高飞，凶险。

六二：错过祖父，遇见祖母；没有赶上君王，遇到大臣。没有什么灾祸。

九三：不仅不肯过分地防备，而且随从其上，可能会遭到杀害，凶险。

九四：没有灾祸，没有过时，受到礼遇。日后遇到危险的时候，必须提高警惕。不利于行动，应长久地坚守贞正。

六五：乌云密布没有下雨，来自西郊。王公用带绳的箭，射取在洞穴中的猎物。

上六：没受礼遇，又过了时，像飞鸟进入罗网一样，凶险，这就叫灾祸。

《彖》曰：小过，小者过而亨也。过以利贞，与时行也。柔得中①，是以小事吉也。刚失位而不中②，是以不可大事也。有飞鸟之象焉③，“飞鸟遗之音，不宜上，宜下，大吉”，上逆而下顺也。

【注释】

①柔得中：阴爻居于二、五中位。

②刚失位：四为阴位，阳爻居之。不中：阳爻没有居中位。

③飞鸟之象：《小过》卦三、四为阳爻，初、二、五、上为阴爻，分居两阳爻两侧，卦形像一只飞鸟。

【译文】

《彖传》说：《小过》卦，小事超过，亨通。超过之所以利于持守贞正，是因为因时而行。柔顺居于中位，所以小事吉利。阳刚不当位又没有居中，所以不利于大事。卦象如同一只飞鸟，“飞鸟遗之音，不宜上，宜下，大吉”，因为向上飞是逆行，向下飞是顺行。

《象》曰：山上有雷[①]，小过。君子以行过乎恭，丧过乎哀，用过乎俭。“飞鸟以凶”，不可如何也。“不及其君”，臣不可过也。“从或戕之”，凶如何也！“弗过遇之”，位不当也[②]。“往厉必戒”，终不可长也。“密云不雨”，已上也[③]。“弗遇过之”，已亢也[④]。

【注释】

①山上有雷：《小过》卦下艮上震，艮为山，震为雷。

②位不当：四为阴位，阳爻居之。

③上：上位。

④亢：高亢，居高。

【译文】

《象传》说：下艮上震，艮为山，震为雷，山上有雷，就是《小过》卦。君子据此行为过于恭顺，丧事过于悲哀，日用过于节俭。“飞鸟以凶”，说明已无可奈何。“不及其君”，说明臣仆不能超过尊上之位。“从或戕之”，说明凶险不可测度！“弗过遇之”，说明居位不当。“往厉必戒”，说明九四不能长久地居于阳刚之道。“密云不雨”，因为阴柔已在上位。“弗遇过之”，说明阴柔已经过高。

扩展阅读

凡治乱存亡、安危强弱，必有其遇，然后可成，各一则不设[①]。故桀纣虽不肖，其亡，遇汤武也。遇汤武，天也，非桀纣之不肖也。汤武虽贤，其王，遇桀纣也。遇桀纣，天也，非汤武之贤也。若桀纣不遇汤武，未必亡也；桀纣不亡，虽不肖，辱未至于此。若使汤武不遇桀纣，未必王也；汤武不王，虽贤，显未至于此。故人主有大功，不闻不肖；亡国之主，不闻贤。譬之若良农，辩土地之宜，谨耕耨之事[②]，未必收也。然而收者，必此人也。始在于遇时雨，遇时雨，天地也[③]，非良农所能为也。

（《吕氏春秋·长攻》）

【注释】

①各一：不相遇。　设：合。

②谨：勤恳。　耨（nòu）：锄草。

③天地：偏义复词，天时。

【译文】

凡治和乱、存和亡、安和危、强和弱，一定要彼此相遇，然后才能形成，各不相遇则不合。所以桀、纣虽然不贤，但他们灭亡是遇上了商汤、周武王。遇上商汤、周武王，这是天时，不是因为桀、纣不贤。商汤、周武王虽然贤能，但他们成就王业是遇上了桀、纣。遇上桀、纣，这是天时，不是因为商汤、周武王贤能。如果桀、纣不遇上商汤、周武王，未必会灭亡。桀、纣如果不灭亡，他们即使没有才能，耻辱也不至于到亡国的地步。假使商汤、周武王没有遇上桀、纣，未必会成就王业。商汤、武王如果不成就王业，他们即使贤能，荣耀也不至于到称王天下的地步。所以，君主有大功，就听不到他有什么不好；亡国之君，就听不到他有什么才能。这就好比优秀的农民，他们善于辨别土地适宜种植什么，勤勤恳恳地耕种锄草，但未必能有收获。然而有收获的，必定是这些人。收获的关键在于遇上及时雨，遇上及时雨，这是靠了天时，并不是优秀农民所能做到的。

点评

《小过》卦下艮上震，艮为山为阳，震为雷为阳，山上有雷，阳刚相叠，卦象代表着过度，又蕴涵着过时，所以《小过》卦强调的是适度和时遇。时遇是一个人成功的必备条件，即“过以利贞”与时而行：没有错过时机，就应该积极准备，抓住随时到来的机遇；放纵自任，错过时机，必然遭遇凶险。值得注意的是，相遇之后的适度更不容忽视，抓住机遇之后不能急躁冒进，应该保持清醒的头脑，时刻警惕，以免遭遇新的险境，这就是“往厉必戒”所蕴涵的深意。才能需要时遇，汤武之所以取得天下，除了富有才能，更在于把握机遇，遇时而动。

五十六　既济慎终

䷾ 离下坎上

既济：亨小，利贞。初吉，终乱。

初九：曳其轮[①]，濡其尾[②]，无咎。

六二：妇丧其茀[③]，勿逐，七日得。

九三：高宗伐鬼方[④]，三年克之，小人勿用。

六四：繻有衣袽[⑤]，终日戒。

九五：东邻杀牛[⑥]，不如西邻之禴祭[⑦]，实受其福。

上六：濡其首，厉。

【注释】

①曳：拉，拖。

②濡：沾湿。

③茀（fú）：车蔽，古代妇女乘车不露于外，车的前后设障以自隐蔽。

④高宗：商王武丁。　鬼方：国名，是殷周时期处于北方的少数民族。

⑤繻（rú）：彩色的缯，意为华美的衣服。　袽（rú）：破旧棉絮。

⑥东邻：东邻国，意为殷人。

⑦西邻：西邻国，意为周人。

【译文】

《既济》卦：小事亨通，利于持守贞正。开始吉利，结果会出现祸乱。

初九：拖住车轮，缓缓渡河，沾湿了车尾，没有灾祸。

六二：妇人丢失了车蔽，不用去找，七天内会失而复得。

九三：殷高宗武丁征伐鬼方，用了三年才取胜。小人不可任用。

六四：华美的衣服转眼间会成破絮，整天心里应有戒惧。

九五：东邻国杀牛丰盛的祭祀，不如西邻国简约的祭祀，因为实际承受的福祐更多。

上六：过河时沾湿了头部，危险。

《彖》曰："既济，亨"，小者亨也。"利贞"，刚柔正而位当也[①]。"初吉"，柔得中也[②]。"终止则乱"，其道穷也[③]。

【注释】

①刚柔正而位当：阳爻居于初、三、五位，当位；阴爻居于二、四、上位，也当位。

②柔得中：阴爻居于二位，二为下体中位。

③穷：尽头，穷尽。

【译文】

《彖传》说："既济，亨"，是指做小事亨通。"利贞"，因为阳刚和阴柔居位正当。"初吉"，说明阴柔居于下体中位。"终止则乱"，说明道路已经穷尽。

《象》曰：水在火上[①]，既济。君子以思患而豫防之[②]。"曳其轮"，义无咎也。"七日得"，以中道也[③]。

"三年克之"，惫也。"终日戒"，有所疑也。"东邻杀牛"，不如西邻之时也。"实受其福"，吉大来也。"濡其首厉"，何可久也?

【注释】

①水在火上：《既济》卦上坎下离，坎为水，离为火。

②豫防：通"预防"，事先防范。

③中道：二为中位、阴位，阴爻居之。

【译文】

《象传》说：上坎下离，坎为水，离为火，水在火上，就是《既济》卦。君子据此居安思危，事先做好防范。"曳其轮"，说明没有祸害。"七日得"，因为坚守中道。"三年克之"，说明已经很疲惫。"终日戒"，说明心中疑虑重重。"东邻杀牛"，不如西邻国适时的祭祀。"实受其福"，说明吉祥源源不断地到来。"濡其首厉"，怎么能够持续长久呢?

扩展阅读

《诗》云："靡不有初，鲜克有终[①]。"故先王之所重者，唯始与终。何以知其然？昔智伯瑶残范、中行[②]，围逼晋阳[③]，卒为三家笑[④]；吴王夫差栖越于会稽，胜齐于艾陵[⑤]，为黄池之遇[⑥]，无礼于宋，遂与勾践禽[⑦]，死于干隧[⑧]；梁君伐楚胜齐[⑨]，制赵、韩之兵，驱十二诸侯以朝天子于孟津[⑩]，后子死[⑪]，身布冠而拘于秦。三者非无功也，能始而不能终也。

（《战国策·秦五》）

【注释】

①此句见于今本《诗经·大雅·荡》。

②智伯瑶：春秋末年晋国权臣，前453年被韩赵魏三家所灭。范、中行：春秋后期晋国六卿中的范氏、中行氏。

③晋阳：春秋后期赵简子的封地。

④三家：韩、赵、魏。

⑤艾陵：地名，在今山东莱芜东北，吴、齐曾在此地一战。

⑥黄池：地名，在今河南封丘县，晋、吴在此会盟诸侯。

⑦禽：通"擒"。

⑧干隧：地名，在今江苏吴县西北万安山。

⑨梁君：梁惠王，公元前369年—前319年在位。

⑩孟津：地名，在今河南孟县西南。

⑪太子：梁太子申，在马陵战役中被齐国杀死，一说被俘。

【译文】

《诗经》上说："做任何事情都有个好的开头，但是很少能做到善终的。"因此先王特别重视的就是善始善终。怎么知道这个道理呢？过去智伯灭掉范氏和中行氏，又围攻晋阳以求灭赵，结果为韩、赵、魏三家所灭；吴王夫差把越王勾践围困在会稽山上，又在艾陵一役中大败齐国，后来还在黄池主持诸侯会盟，对宋无礼，到最后却被勾践所擒，死在干隧这个地方；梁惠王讨伐楚国战胜齐国，制服了赵国、韩国的军队，还会集十二家诸侯到孟津去朝见天子，最后太子身死，自己也素衣布冠为秦国所拘制。这三人不是没有赫赫战功，只是因为能善始而不能善终。

点 评

《既济》卦水在火上，代表着渡河顺利，象征着事业顺利，所以卦辞说"既济，亨"。事业的起步需要顺利，俗话说万事开头难，好的开始更有利于整个事业的顺利开展，所以好的开始就是"初吉"，因为事业刚刚起步，力量弱小在所难免，这也许是"小者亨”所蕴含的深意。但是开始的顺利也只是前进的基础，整个事业的成功仅仅有好的开始显然是不够的，它还需要“终吉”。所以，《既济》卦在“初吉”的基础上，更强调慎终，因为慎终如始、善始善终，才能获得真正的亨通。智伯、夫差、梁惠王之所以威武一时，最终却走向失败，其中的原因便是没有慎终，他们的“终止则乱”预示着道路穷尽，无路可走之时，遭受的只有祸患。

五十七　未济知节

䷿ 坎下离上

未济：亨。小狐汔济[1]，濡其尾，无攸利。

初六：濡其尾，吝。

九二：曳其轮，贞吉。

六三：未济，征凶。利涉大川。

九四：贞吉，悔亡，震用伐鬼方[2]，三年，有赏于大国。

六五：贞吉，无悔。君子之光[3]，有孚吉。

上九：有孚于饮酒，无咎。濡其首，有孚失是[4]。

【注释】

①汔（qì）：通“几”，几乎将要。

②震：振奋，威武。　鬼方：古国名。

③光：光辉。

④是：正。

【译文】

《未济》卦：亨通。小狐狸将要渡过河，却打湿了尾巴。前行无所利。

初六：打湿了尾巴，预示着遇到困难。

九二：向后拖拉车轮，持守贞正吉利。

六三：渡河没成功。出征，凶险。利于渡过大江大河。

九四：持守贞正吉利，悔恨消亡。以威武振奋之师征讨鬼方，三年取胜，被封赏为大国诸侯。

六五：持守贞正吉利，没有悔恨。君子的光辉照耀四方，心怀诚信，吉利。

上九：心怀诚信，欢乐饮酒，没有灾祸。饮酒过度，以至沾湿了头部，即使心怀诚信，也失去了正道。

《彖》曰："未济，亨"，柔得中也[①]。"小狐汔济"，未出中也。"濡其尾，无攸利"，不续终也[②]。虽不当位[③]，刚柔应也[④]。

【注释】

①得中：阴爻居于上体中位。

②续：延续，坚持。

③不当位：二、四、上都是阴位，阳爻居之；初、三、五都是阳位，阴爻居之。

④刚柔应：初与四、二与五、三与上分别相应。

【译文】

《彖传》说："未济，亨"，是因为阴柔居于上体中位。"小狐汔济"，说明行为没有坚守中道。"濡其尾，无攸利"，说明不能坚持到底。虽然阴爻、阳爻都居位不当，但它们却都相应。

《象》曰：火在水上[①]，未济。君子以慎辨物居方。"濡其尾"，亦不知极也[②]。九二贞吉，中以行正也[③]。"未济，征凶"，位不当也[④]。"贞吉，悔亡"，志行也。“君子之光”，其晖吉也。“饮酒濡首”，亦不知节也。

【注释】

①火在水上：《未济》卦上离下坎，离为火，坎为水。

②极：中。

③中：居中，阳爻居于中位。

④位不当：三为阳位，阴爻居之。

【译文】

《象传》说：上离下坎，离为火，坎为水，火在水上，就是《未济》卦。君子据此慎重地辨别事物，使之各得其所。“濡其尾”，说明不知道持守中正。九二贞吉，是因为居中而又行事持守正道。“未济，征凶”，说明居位不当。“贞吉，悔亡”，说明心志得以践行。“君子之光”，说明光辉吉祥如意。“饮酒濡首”，说明不知道节制。

扩展阅读

使乌获疾引牛尾[①]，尾绝力勯[②]，而牛不可行，逆也。使五尺竖子引棬[③]，而牛恣所以之，顺也。世之人主贵人，无贤不肖，莫不欲长生久视，而日逆其生，欲之何益？凡生之长也，顺之也；使生不顺者，欲也。故圣人必先适欲。

室大则多阴，台高则多阳；多阴则蹷[④]，多阳则痿[⑤]。此阴阳不适之患也。是故先王不处大室，不为高台，味不众珍，衣不燀热[⑥]。燀热则理塞，理塞则气不达；味众珍则胃充，胃充则中大鞔[⑦]，中大鞔而气不达。以此长生可得乎？昔先圣王之为苑囿园池也，足以观望劳形而已矣；其为宫室台榭也，足以辟燥湿而已矣[⑧]；其为舆马衣裘也，足以逸身暖骸而已矣[⑨]；其为饮食酏醴也[⑩]，足以适味充虚而已矣；其为声色音乐也，足以安性自娱而已矣。五者，圣王之所以养性也，非好俭而恶费也[11]，节乎性也。

（《吕氏春秋·重己》）

【注释】

①乌获：战国时秦国力士。

②勯（dān）：竭尽。

③竖子：儿童。 棬（juàn）：同“桊”，牛鼻环。

④蹷（jué）：寒冷，寒疾。

⑤痿（wěi）：痿弱。

⑥燀（dǎn）：通“亶”，厚。

⑦中：胸腹。 鞔（mèn）：通“懑”，闷胀。

⑧辟：通“避”。

⑨骸（hái）：身体。

⑩酏醴（yí lǐ）：用黍粥酿成的甜酒。

⑪恶（wù）：讨厌。

【译文】

如果使大力士乌获用力拽牛尾，即使牛尾拽断、力气用尽，也不能让牛跟着走，这是因为方向相反。如果让一个小孩牵着牛鼻环，牛就会顺从地听任所往，这是因为方向正确。世上的君主、贵人，不论贤能还是不贤能，没有不希望生命长寿的。但是他们天天都在做违背他们生命天性的事情，如此还想要长寿又有什么益处呢？大凡生命能够长久，都是顺应生命天性的缘故；使人不能顺应生命天性的，就是欲望。所以，圣人必定首先节制自己的欲望。

房屋过大，阴气就多；楼台过高，阳气就盛。阴气多就会寒冷，阳气盛就会痿弱。这是阴阳不适度带来的祸患。因此，古代先王不住大房子，不建高楼台，不吃众多珍异的食物，不穿过厚过暖的衣服。过厚过暖就会使血脉闭结，血脉闭结心气就会不通畅；饮食众多珍异就会使胃过于饱满，胃过于饱满胸腹就会闷胀，胸腹闷胀心气就会不通畅。以此来希望长生，怎么能够办到呢？从前，先代圣王修建苑囿园池，只要足以游目眺望、活动身体就行了；他们修建宫室台榭，只要足以避开燥热和潮湿就行了；他们制作车马衣裘，只要足以安身暖体就行了；他们置备饮食美酒，只要足以合口味、饱饥肠就行了；他们创作音乐歌舞，只要足以安定性情、娱乐身心就行了。这五个方面是圣王用来修养心性的。这样做并不是喜好节俭，厌恶浪费，而是为了调节性情使它适度啊。

点评

《未济》卦上离下坎，离为火，坎为水，火在水上，卦象代表着渡河不顺利。这就像小狐狸过河一样，自己经验不足，力量不支，必然沾湿尾巴，这叫做“不知极”；又像饮酒过度一样，只知欢乐畅饮，却沾湿了头部，这叫做“不知节”。“不知极”“不知节”，行事必然“未济”，冒然前进必有凶险，所以《未济》卦告诉我们要“知极”“知节”，即要懂得自我节制。人的欲望是无穷的，放纵自己的欲望必然遭遇祸患。希望延长寿命，就应该顺应天性；希望事业顺利，就应该自我节制。这就像住房不求宽敞广大，穿衣不求华丽光鲜，吃饭不求山珍海味一样，只要调节性情、娱乐身心，照样能健康长寿。反之，如果不知节制，一味为所欲为，放纵欲望，轻则“濡其首”，重则国破身亡，以此求取长寿、事业顺利，真是缘木而求鱼、南辕而北辙。

五十八　理得而成其位

天尊地卑[①]，乾坤定矣。卑高以陈[②]，贵贱位矣。动静有常，刚柔断矣[③]。方以类聚[④]，物以群分，吉凶生矣。在天成象，在地成形，变化见矣。是故刚柔相摩，八卦相荡，鼓之以雷霆，润之以风雨；日月运行，一寒一暑。乾道成男，坤道成女。乾知大始，坤作成物。乾以易知[⑤]，坤以简能；易则易知[⑥]，简则易从；易知则有亲，易从则有功；有亲则可久，有功则可大；可久则贤人之德，可大则贤人之业。易简而天下之理得矣。天下之理得，而成位乎其中矣[⑦]。

【注释】

①天尊：天在上。　地卑：地在下。

②陈：排列。

③断：决断，分判。

④方：部族。

⑤知：通“智”，智慧。

⑥知：认知，认识。

⑦其中：天地之间。

【译文】

天在上，地在下，乾坤的地位由此得以确定。卑下与高贵上下相列，贵贱位成。运动和静止有常数，刚健和柔弱由此划定。部落同类相聚，事物异群而分，吉凶由此产生。它们在天形成日月星辰之象，在地形成山川、动植物等形象，变化由此得以显现。所以，刚健柔弱互相碰撞，八个卦象互相激荡。用雷霆来鼓动万物，用风雨来滋润万物，日月循环运行，寒暑交替变换。乾道象征着男性，坤道象征着女性。乾道主宰万物的创始，坤道承载着万物的成长。乾道以平易成其智慧，坤道以简明发挥功能。平易就容易认识，简明就容易遵循。容易认识就使人亲近，容易遵循就会取得功效。使人亲近就可以持久，取得功效就可以光大。持久能成就贤人的品德，光大能成就贤人的功业。平易简明，就理解了天下的道理。理解了天下的道理，就能够在天地之间确立自己的地位。

扩展阅读

上古尧舜之时，不贵爵赏而民劝善，不重刑罚而民不犯，躬率以正而遇民信也[①]。末世贵爵厚赏而民不劝，深刑重罚而奸不止，其上不正，遇民不信也。夫厚赏重刑未足以劝善而禁非，必信而已矣。是故因能任官，则分职治[②]；去无用之言，则事情得；不作无用之器，即赋敛省；不夺民时，不妨民力，则百姓富；有德者进，无德者退，则朝廷尊；有功者上，无功者下，则群臣逡[③]；罚当罪，则奸邪止；赏当贤，则臣下劝：凡此八者，治民之本也。故民者，业之即不争，理得则不怨，有礼则不暴，爱之则亲上，此有天下之急者也。故法不远义，则民服而不离；和不远礼，则民亲而不暴。故法之所罚，义之所去也；和之所赏，礼之所取也。礼义者，民之所服也，而赏罚顺之，则民不犯禁矣。故画衣冠[④]，异章服[⑤]，而民不犯者，此道素行也。

（《汉书·公孙弘传》）

【注释】

①遇：对待。

②分职：各司其职。

③逡（qūn）：退却，不争。

④画衣冠：以画有特别的图形或颜色的衣帽来象征各种刑罚。

⑤章服：给罪犯穿上有特定标志的衣服。　章：色彩。

【译文】

在上古尧舜的时代，没有重视爵位的封赏，百姓却努力向善；不加重施用的刑罚，百姓却不容易犯法，这是因为尧舜亲身行正，对待百姓有信义。衰亡的时代，重视封爵，厚加赏赐，却不能勉励百姓向善；施用严刑重罚，却不能制止邪恶的事情，这是因为君王自身不正，对待百姓也没信义。厚加赏赐严刑重罚不足以鼓励善行、禁止犯罪，所以一定要有信义。因此，按才能授予官职，官吏就能各司其职而使国家得到治理；不听无用的言论，事情就可以取得成效；不制作无用的器物，就可以减少赋敛；不耽误农时，不损害民力，百姓就会富足；有德行的人升官，没有德行的人降级，朝廷就能够树立威信；有功的人升官，没有功劳的人降级，群臣就不会争权夺位；处罚与罪过相当，奸邪就会被制止；赏赐与才能相当，大臣就会受到勉励：这八条是治理百姓的根本。所以，百姓各得其业就不会相争，各得其理就不会抱怨，待之以礼就不会暴动，爱民如子就会亲附君上，这是治理天下的当务之急。所以法度不违背信义，百姓就会信服而不叛离；提倡奖励不违背礼义，百姓会亲附而没有暴动。所以法律所惩罚的，就是礼义所不容的；提倡奖励的，就是礼义所崇尚的。有礼有义，百姓才会信服的；赏罚明顺，百姓才不会犯法。所以上古时代只采用“画衣冠，异章服”的象征性惩罚，便使得百姓不犯法，这就是因为君王以道行事。

点评

天高地低，上下相分，有动有静，有刚有柔，万物以类相聚，百姓以群相分。天地秩序外在表现为乾坤运行、阴阳相推，吉凶祸福也由此形成。其实，无论是自然界，还是人类社会，内在的核心依据便在于“理得”：“日月运行，一寒一暑”是自然界的得理以行，“有亲则可久，有功则可大”是人类社会的得理以行。所以，易道告诉我们“理得”才能有秩序，有秩序才能亲附，进而取得伟大的功业、建立持久的德行、获得应有的地位。公孙弘所说的“此道素行”也在于“天下之急者”的“理得”，因为“理得”才能“罚当罪”“赏当贤”，进而“民不犯”“天下治”。

五十九　圣人设卦观象

圣人设卦观象，系辞焉而明吉凶[①]，刚柔相推而生变化。是故吉凶者，失得之象也；悔吝者，忧虞之象也[②]；变化者，进退之象也；刚柔者，昼夜之象也。六爻之动，三极之道也[③]。是故君子所居而安者，易之序也；所乐而玩者[④]，爻之辞也。是故君子居则观其象而玩其辞，动则观其变而玩其占。是以自天祐之，吉无不利。

彖者[⑤]，言乎象者也；爻者[⑥]，言乎变者也。吉凶者，言乎其失得也；悔吝者，言乎其小疵也。无咎者，善补过者也。是故列贵贱者存乎位，齐小大者存乎卦，辩吉凶者存乎辞，忧悔吝者存乎介[⑦]，震无咎者存乎悔[⑧]。是故卦有小大，辞有险易；辞也者，各指其所之。

【注释】

①系：系属，添加。

②忧虞：忧虑，忧惧。

③三极：天、地、人三端。

④玩：玩味。

⑤彖：彖辞，彖传。

⑥爻：爻辞。

⑦介：细微。

⑧震：戒惧。

【译文】

圣人创立卦画，观察天象，添加语词来判明事物的吉凶。阳刚与阴柔互相推演而产生变化。因此，吉凶是成败的象征，悔吝是忧虑的象征，变化是前进后退的象征，刚柔是白天黑夜的象征。六爻的变化，是天、地、人的反映。所以，君子安居于自己的地位，就是遵循易卦的顺序；喜欢揣摩、反复玩味，就是易卦的爻辞。因此，君子安居就观察卦象揣摩爻辞，行事就观察变化玩味占语。所以，君子会得到上天的福祐，吉祥而无所不利。

彖辞说的是卦象，爻辞说的是变化。吉凶指的是成败，悔吝指的是小忧。没有大的灾祸，说明善于补救过失。所以陈列贵贱在于位次，齐等大小在于卦体，分辨吉凶在于爻辞，忧虑悔吝在于细微，戒惧无咎在于改悔。所以卦有大小之分，辞有险易之别。不同语辞，各自指示给人们方向。

扩展阅读

自初生民以来，世主曷尝不历日月星辰[①]？及至五家、三代[②]，绍而明之[③]，内冠带[④]，外夷狄，分中国为十有二州，仰则观象于天，俯则法类于地。天则有日月，地则有阴阳；天有五星，地有五行[⑤]；天则有列宿，地则有州域。三光者，阴阳之精，气本在地，而圣人统理之。幽厉以往[⑥]，尚矣[⑦]。所见天变，皆国殊窟穴[⑧]，家占物怪，以合时应，其文图籍禨祥不法[⑨]。是以孔子论六经[⑩]，纪异而说不书。至天道命，不传：传其人，不待告；告非其人，虽言不著。

（《史记·天官书》）

【注释】

①曷：通“何”，怎么。

②五家：五帝，少昊、颛顼、帝喾、唐尧、虞舜。三代：夏商周。

③绍：继承，承继。

④冠带：帽子和衣带，引申为礼仪、教化之邦。

⑤五行：金木水火土。

⑥幽厉：周厉王、周幽王，西周后期的两位周王。

⑦尚：远。

⑧窟穴：意为狭隘。

⑨禨（jī）祥：吉凶祸福的先兆。法：法则。

⑩六经：指经过孔子整理而传授的六部典籍：《诗经》《尚书》《仪礼》《乐经》《周易》《春秋》。

【译文】

自从人类最初出现以来，君主又怎会不观察、推度日月星辰的运行呢？到了五帝、三代的时候，承继前人成果并发扬光大，以中原礼仪之国为内，以边远夷狄之国为外，把中国分为十二个州，向上观察星象的排列，向下取法大地的变化。天有日月，地有阴阳；天有五星，地有五行；天上有星宿，地上有州域。日、月、星三光，是阴阳结合的精气，精气的本源在于大地，由圣人统筹加以调理。周厉王、周幽王以前，已经很久远了。对于出现的天象变化，各诸侯国运用各种狭隘方法，各家占卜不同的怪异事情，以符合当时的形势，他们的文字图画书籍所记的凶吉祸福不足以作为法则。所以孔子编次六经，只记录异常的天象，而不记录对天象的解说。至于天道天命，不轻易传授：传授给合适的人，不用多解说；传授给不合适的人，即使解说也不会明白。

点评

圣人观察天地，来设置卦象，目的无疑就是效法天道，趋吉避凶，即所谓“仰则观象于天，俯则法类于地”“系辞焉而明吉凶”。天有日月星辰，地有阴阳五行九州，这些纳于易道，就形成了阴柔阳刚相推而动的六爻，据此来观察人事的吉凶祸福、进退悔吝。所以，君子“居则观其象而玩其辞，动则观其变而玩其占”，即把易道当作处事行动的准则和规范，这也是五帝三王“绍而明之”“统而理之”的原因。卦有大小之分，辞有险易之别；不同语辞，各自指于不同的方向。所以，孔子“纪异而说不书”，他担心人们对天道的继承，更担心人们对天道的误解和滥用，这也是他之所以不轻易传授“天道命”的原因。所谓“传其人，不待告”强调的就是对天道的真正理解，这也许是“自天祐之，吉无不利”所蕴涵的意义。

六十　易备天地之道

易与天地准①，故能弥纶天地之道②。仰以观于天文，俯以察于地理，是故知幽明之故。原始反终③，故知死生之说。精气为物，游魂为变，是故知鬼神之情状。与天地相似，故不违。知周乎万物④，而道济天下，故不过。旁行而不流⑤，乐天知命，故不忧。安土敦乎仁，故能爱。范围天地之化而不过⑥，曲成万物而不遗⑦，通乎昼夜之道而知，故神无方而易无体。

【注释】

①准：准绳。

②弥纶：遍及，包括。

③原：推究其原。　反：反求。

④知：通“智”，智慧。

⑤旁：通“方”，方正，正直。

⑥范围：包括，包罗。

⑦曲：细致，周密。

【译文】

易以天地为准绳，所以能包罗天地万物的规律。仰头向上观察天文，低头向下观察地理，可以懂得幽隐无形与明显有形的依据。推原开始，反求结果，可以懂得生死的缘故。精气聚集成万物，灵魂消散为变化，可以懂得形体聚散的情状。与天地相一致，就不会违反规律。智慧遍及万物生长，道理济成天下事业，行为就不会存在过失。正道直行而不放任自流，乐于接受天的法则而又懂得生命的进退，就不会忧愁。安居静处，敦厚仁德，就能够博爱众生。包罗天地的变化而没有过失，细致周密成就万物而没有遗漏，贯通日夜的变化而具备智慧，因此神明运行没有固定的方向，易道变化没有固定的形体。

扩展阅读

昔人有观象于天，视度于地，察法于人者，天丽且弥，地普而深[①]。昔人之辞，乃玉乃金。彼岂好为艰难哉？势不得已也。独不见夫翠虬绛螭之将登乎天[②]，必耸身于仓梧之渊[③]；不阶浮云，翼疾风，虚举而上升，则不能撠胶葛[④]，腾九闳[⑤]。日月之经不千里，则不能烛六合，耀八纮[⑥]；泰山之高不嶕峣[⑦]，则不能浡滃云而散歊烝[⑧]。是以宓牺氏之作《易》也[⑨]，绵络天地[⑩]，经以八卦；文王附六爻，孔子错其象而彖其辞[⑪]，然后发天地之臧[⑫]，定万物之基。

（《汉书·扬雄传》）

【注释】

①普：宽广。

②翠虬（qiú）：青龙。 绛：红色，赤色。 螭（chī）：一种无角的龙。

③仓梧：通“苍梧”，地名。

④撠（jǐ）：抓住。 胶葛：通“膠葛”，深远广大的样子。

⑤闳（hóng）：宏大。

⑥八纮（hóng）：八方极远之地。

⑦嶕峣（jiāo yáo）：峻峭，高耸。

⑧浡滃（bó wēng）：云气兴盛的样子。 歊（xiāo）烝：同“歊蒸”，气升腾的样子。

⑨宓（fú）牺氏：伏羲氏，三皇之一，号称人文始祖。
⑩绵络：缠绕，网络。
⑪错：通“措”，次序。 彖：总括，断定。
⑫臧（zāng）：善德。

【译文】

从前人们观察天象，测量大地的维度，察看人间的法律，天明朗广大，地宽广深厚。前人的文辞，是金是玉。他们难道是喜欢故作艰深吗？情势不得已呀。难道没听说青龙赤龙将要登天，一定要纵身跳到苍梧之渊吗？不借助浮云，依靠疾风，空自攀登上升，便不能到达深广远大之所、腾升九闳之境。日月不行千里，便不能普照六合，光明八纮；泰山不高耸入云，便不能聚集白云而散发浮气。所以伏羲氏制作《易》，来脉络天地，经纬八卦；文王附著六爻，孔子次序卦象制作彖辞，然后发扬天地的善德，确定万物的基准。

点 评

易道博大精深，源于它以天地为准绳，进而“发天地之臧，定万物之基”，这也是它“能弥纶天地之道”的根本原因。推原万物的终始，反观人类的生死，无外乎精气聚而为物，散而为变。明朗广大的天与宽广深厚的地相类而一致，相随而不背离，这就是它们得以“周知万物”“道济天下”的依据。天地直行而放纵任流，覆载万物而没有遗漏，它成就日月运行、四季循环，成就“泰山之高”、“仓梧之渊”，所以人们要效法天地乐天知命、敦厚仁爱，进而以成天功，这也是伏羲、文王、孔子“绵络天地”、附著六爻、“错象彖辞”的原因所在。

六十一　阴阳之谓道

一阴一阳之谓道。继之者善也，成之者性也。仁者见之谓之仁，知者见之谓之知①。百姓日用而不知，故君子之道鲜矣②。显诸仁③，藏诸用，鼓万物而不与圣人同忧，盛德大业至矣哉！富有之谓大业。日新之谓盛德。生生之谓易。成象之谓乾。效法之谓坤。极数知来之谓占④。通变之谓事。阴阳不测之谓神⑤。

【注释】

①知：通“智”。

②鲜：少。

③诸：之于。

④极数：穷尽推演。

⑤测：把握。

【译文】

阴阳变化就是道，承继天道就是善，成就万物就是性。仁者看见了，把它叫做仁；智者看见了，把它叫做智。百姓在日常生活中时时运用它而不懂得，因此君子掌握的道，普通人就很少人理解它。道表现出来就是仁，隐藏起来就是用，鼓动万物发育生长，而不同圣人一起济世忧民，天道盛大的德行和伟大的业绩，可谓是至善至美。广大富有就是伟大的业绩，天天更新就是盛大的德行。生生不息就是变易，生成万象就是乾道，效法上天就是坤道。穷尽推演，预知未来，就是占问。通晓变化就是事功，阴阳交替难以把握就是神奇。

扩展阅读

列星随旋，日月递照[①]，四时代御[②]，阴阳大化[③]，风雨博施[④]，万物各得其和以生，各得其养以成，不见其事，而见其功，夫是之谓神。皆知其所以成，莫知其无形，夫是之谓天。唯圣人为不求知天。

天职既立，天功既成，形具而神生，好恶喜怒哀乐臧焉[⑤]，夫是之谓天情。耳目鼻口形能，各有接而不相能也[⑥]，夫是之谓天官。心居中虚，以治五官，夫是之谓天君。财非其类以养其类[⑦]，夫是之谓天养。顺其类者谓之福，逆其类者谓之祸，夫是之谓天政。暗其天君，乱其天官，弃其天养，逆其天政，背其天情，以丧天功，夫是之谓大凶。圣人清其天君，正其天官，备其天养[⑧]，顺其天政，养其天情，以全其天功。如是，则知其所为，知其所不为矣；则天地官而万物役矣[⑨]。其行曲治[⑩]，其养曲适，其生不伤，夫是之谓知天。

（《荀子·天论》）

【注释】

①递：交替。

②御：运行。

③大：普遍。

④博：广泛。

⑤臧：通“藏”，蕴藏。

⑥相能：相互替代。

⑦财：通“裁”，裁制，利用。

⑧备：充实。

⑨官：控制。

⑩曲：各处，处处。

【译文】

布列于天空的群星互相跟随旋转，太阳月亮交替照耀，四季轮流运行，阴阳普遍地化育万物，风雨广泛地滋润万物。万物各自得到阴阳的和气而产生，得到风雨的滋养而成长。人们看不到阴阳化生万物的过程，却看得到它化生万物的成果，这就叫做神妙。人们都知道阴阳生成的万物，却没有人知道无形的生成过程，这就叫做天。只有圣人才不妄求了解天的奥秘。

天的职能已经确立，天的功绩已经完成，形体具备而精神也就产生，爱好与厌恶、高兴与愤怒、悲哀与欢乐都蕴藏在里面，这些就叫天生的感情。耳朵、眼睛、鼻子、嘴巴、身体，都具有各自的功能而不能互相替代，这些就叫天生的感官。心处于身体中间，用来管理这五种感官，这就叫天生的主宰。利用不同类的万物，来供养自己的同类，这就叫顺天的供养。顺应人类的需要叫做福，背离人类的需要叫做祸，这就叫顺天的政治。蒙蔽了天生的主宰，扰乱了天生的感官，抛弃了顺天的供养，违反了顺天的政治，背离了天生的情感，以致丧失了天生的功绩，这就叫大凶。圣人清朗自己的天君，端正自己的天官，充实天然的供养，顺从天然的政治，保养天生的情感，从而成就天生的功绩。像这样，就是知道自己应该做什么和不应该做什么，天地就能够被掌握而万物就能够被利用了。圣人的行动处处得宜，保养处处安适，他的生命就能不受伤害，这就叫做懂得天道。

点评

阴阳相合，生养万物，即所谓“阴阳大化，风雨博施，万物各得其和以生，各得其养以成”，进而成就天道。天道无形，但又如影相随，这就是“百姓日用而不知”：它哺育万物，却“藏诸用”；鼓动人心，却不与圣人一同济世救民。圣人治理天下，从不妄求知天，因为阴阳不测，天道奥妙。然而不妄求知天，并不是不懂天道，反而更是理解天道的象征，因为他们能够“知其所为，知其所不为”， 进而“清其天君，正其天官，备其天养，顺其天政，养其天情”，以致成就天的事业。圣人的这些作为，显然就昭示了“继之者善”“成之者性”所暗含的深意。

六十二 易道观其会通

子曰[①]："书不尽言[②]，言不尽意。"然则圣人之意，其不可见乎[③]？子曰："圣人立象以尽意，设卦以尽情伪，系辞焉以尽其言。变而通之以尽利，鼓之舞之以尽神。"乾坤，其易之缊邪[④]？乾坤成列，而易立乎其中矣。乾坤毁，则无以见易。易不可见，则乾坤或几乎息矣。是故形而上者谓之道，形而下者谓之器。化而裁之谓之变，推而行之谓之通，举而错之天下之民谓之事业[⑤]。

是故夫象，圣人有以见天下之赜[⑥]，而拟诸其形容[⑦]，象其物宜，是故谓之象。圣人有以见天下之动，而观其会通，以行其典礼[⑧]，系辞焉以断其吉凶，是故谓之爻。极天下之赜者存乎卦，鼓天下之动者存乎辞；化而裁之存乎变；推而行之存乎通；神而明之存乎其人；默而成之，不言而信，存乎德行。

【注释】

①子：孔子。

②书：文字。

③见：通"现"，显示。

④缊：通“蕴”，蕴涵。
⑤错：通“措”，施行。
⑥赜（zé）：繁杂。
⑦拟：模拟，比拟。
⑧典：准则。礼：规范。

【译文】

孔子说：“文字不能完全表达语言，语言也不能完全传达出心意。”那么圣人的心意就不能表达出来了吗？孔子说：“圣人创立卦象就是为了充分表达心意，设置六十四卦就是为了充分表达真伪，添加文辞是为了充分表达语言，卦爻变化相通就是为了充分显示天下之利，鼓舞人们消除疑惑就是为了充分显示它的神奇。”乾坤蕴涵着博大精深的易道！乾坤确定秩序，易道就确立于其中；乾坤走向毁灭，易道就无法体现。易道无法体现，乾坤就要停止不动。所以，居于形体之上的意识形态就是道，处在形体之下的客观物质就是器，转化牵制就是变，推演运行就是通，实施运用于民就是事业。

所以，卦象是圣人用来显示天下的繁杂，模拟万物的形状，反映它们的性情，因而叫做卦象。圣人用来显示天下的变化，观察万物的会和融通，推行它们的准则规范，添加文辞以判断吉凶，因此叫做爻。穷尽天下万物的繁杂，在于卦象；鼓动天下万物的运行，在于爻辞。转化裁制在于变化，推演运行在于会通。把握神妙，明察效用，在于人。默默领会而取得成效，没有说话而建立信任，在于高尚的德行。

扩展阅读

延祐初[1]，谦居东阳八华山[2]，学者翕然从之[3]。寻开门讲学，远而幽、冀、齐、鲁，近而荆、扬、吴、越，皆不惮百舍来受业焉[4]。其教人也，至诚谆悉，内外殚尽[5]，尝曰：“己有知，使人亦知之，岂不快哉！”或有所问难，而词不能自达，则为之言其所欲言，而解其所惑。讨论讲贯，终日不倦，摄其粗疏，入于密微。闻者方倾耳听受，而其出愈真切。惰者作之，锐者抑之，拘者开之，放者约之。及门之士，著录者千余人，随其材分，咸有所得。然独不以科举之文授人，曰：“此义、利之所由分也。”谦笃于孝友，有绝人之行。其处世不胶于古[⑥]，不流于俗。不出里闾者四十年，四方之士，以不及门为耻，缙绅先生之过其乡邦者[⑦]，必即其家存问焉。或访以典礼政事，谦观其会通，而为之折衷[⑧]，闻者无不厌服[⑨]。

（《元史·许谦传》）

【注释】

①延祐：元朝元仁宗的年号，即1314—1320年。

②八华山：今在浙江省东阳市画水镇华阳村西北角。

③翕（xī）然：一致的样子。

④惮（dàn）：畏惧。　百舍：百里一宿，意为长途跋涉。

⑤殚（dān）：竭尽。

⑥胶：拘泥。

⑦缙绅：士大夫。

⑧折衷：处理，归纳。

⑨厌：满足。

【译文】

延祐初年，许谦居住在东阳八华山，向学的人纷纷跟从他求学。不久许谦就开馆讲学了，远自幽、冀、奔、鲁，近自荆、扬、吴、越，各地向学的人都不惜长途跋涉前来受业。许谦教授学生，心诚敦厚，殚精竭虑，他曾经说：“自己懂得的，教他人也懂得，难道不很快乐吗！”有人向他请教问题，而言语不能表达自己的意思，他就会替人说出来，进而解答那人的疑惑。许谦与学生讲授讨论，整日不倦怠，往往从粗浅的地方开始，逐渐引入细密精微的内容，学生专心致志地听讲，而许谦的讲授也愈加精当。许谦教授学生时能够使懒惰的人勤奋，急躁的人有所抑制，拘泥的人开朗，放纵的人有所约束。到许谦门下求学的士子，见于记录的有一千多人，许谦根据他们各自的才能天分施教，使他们各有所获。然而许谦唯独不向学生传授科举文章，他说："这正是取义与趋利的区别所在。"许谦笃行孝敬友爱，有超过常人的行为。他的处世不拘泥于古人，也不屈从于世俗。许谦不出乡里四十年，四方向学的人，以未能登门求学为耻辱，士大夫凡是经过他家乡的，必定要到他家致以问候。有人向许谦请教典章礼仪政事，许谦都能根据他们的程度会和融通，帮助他们分析归纳，求教的人无不满足而佩服。

点评

任何事物都不是完美的，都存在局限性，所谓"金无足赤，人无完人"说的就是这个道理。文字与语言、语言与心意同样存在这种局限性：文字有限，难以表达丰富的语言；语言有限，难以表达内在的心意。当然，心意也有限，生命更有限，难以反映外部的大千世界。人类与有限相伴而生，更试图运用自己的智慧超越有限，以期走向完美，走向永恒。孔子所说的"立象以尽意，设卦以尽情伪，系辞焉以尽其言"就是圣人超越有限的努力，"化而裁之""推而行之"就是超越有限的方法，因为转化裁理才能变穷途为大道，推演运行才能变拘泥为会通。许谦的行为处事就是一种超越，他不拘泥于古，也不流从于俗，"典礼政事""观其会通"，进而裁制事理，"闻者无不厌服"，显然，这就是易道的"神明自得"之处。

六十三　理财正辞为义

八卦成列，象在其中矣；因而重之[①]，爻在其中矣；刚柔相推，变在其中焉；系辞焉而命之[②]，动在其中矣。吉凶悔吝者，生乎动者也；刚柔者，立本者也；变通者，趣时者也[③]。吉凶者，贞胜者也；天地之道，贞观者也；日月之道，贞明者也；天下之动，贞夫一者也。夫乾，确然示人易矣[④]；夫坤，隤然示人简矣[⑤]。爻也者，效此者也。象也者，像此者也；爻象动乎内，吉凶见乎外。功业见乎变，圣人之情见乎辞。天地之大德曰生，圣人之大宝曰位。何以守位？曰仁。何以聚人？曰财。理财正辞、禁民为非曰义。

【注释】

①因：依据。

②命：告知。

③趣：趋，符合。

④确然：刚健。

⑤隤（tuí）然：柔顺。

【译文】

八卦排成序列，天地万象就包容其中；依理重叠，卦爻居于其中；刚柔相互推移，变化隐含其中；添加文辞而告知，行动就在其中。吉凶悔吝，产生于六爻的变动；阳刚阴柔，是立卦的根本；变化会通，就是与时俱进。吉凶，就是守正则胜；天地之道，守正以观；日月之道，守正以明；天下万物运动，守正为一。乾道，刚健，示人以平易；坤道，柔顺，示人以简洁。卦爻，效法乾坤的道理。卦象，取像乾坤的准则；爻象的变动表现在卦内，吉凶显示在筮卦之外。建功立业在于吉凶的变化，圣人的感情在于卦爻的文辞。天地最大的功德是生养万物，圣人最大的宝贝是权势地位。怎样保持权势地位？依靠仁爱。怎样聚集人心？依靠财富。理财致富，端正言辞，禁止为非作歹，这就是道义。

扩展阅读

立君之道，仁义为主，仁者爱人，义者政理，爱人以除残为务，政理以去乱为心。刑罚在衷[①]，无取于轻[②]，是以五帝有流、殛、放、杀之诛[③]，三王有大辟、刻肌之法[④]。故孔子称“仁者必有勇”，又曰“理财正辞，禁民为非曰义”。高帝受命诛暴[⑤]，平荡天下，约令定律，诚得其宜。文帝宽惠柔克[⑥]，遭世康平，惟除省肉刑、相坐之法[⑦]，它皆率由，无革旧章。武帝值中国隆盛[⑧]，财力有余，征伐远方，军役数兴，豪桀犯禁[⑨]，奸吏弄法，故重首匿之科，著知从之律[⑩]，以破朋党，以惩隐匿。宣帝聪明正直[⑪]，总御海内，臣下奉宪，无所失坠，因循先典，天下称理。至哀、平继体[⑫]，而即位日浅，听断尚寡，丞相王嘉轻为穿凿[⑬]，亏除先帝旧约成律[⑭]，数年之间，百有余事，或不便于理，或不厌民心[⑮]。

（《后汉书·梁统列传》）

【注释】

①衷：适当。

②轻：轻重。

③殛（jí）：诛。

④三王：夏商周三代。　大辟：死刑。　刻肌：墨（刺字）、

劓（读yì，割鼻）、膑（剔除膝盖骨）、刖（读yuè，砍去脚）。

⑤汉高帝：刘邦，前206—前195年在位。

⑥汉文帝：刘恒，前180—前157年在位。

⑦肉刑：泛指肉体上的处罚。　相坐：一人犯法，株连他人，一同治罪。

⑧汉武帝：刘彻，前141—前87年在位。

⑨桀：通“杰”。

⑩著：制定。　知从：知道而且跟随。

⑪宣帝：汉宣帝，刘询，前74—前49年在位。

⑫哀：汉哀帝，刘欣，前7—前1年在位。　平：汉平帝，刘衎，公元前1年—公元6年在位。

⑬王嘉：汉哀帝时任丞相。　轻：任意。　穿凿：牵强地解释。

⑭亏除：废除。

⑮厌：满足。

【译文】

作为君王治国之道，以仁义为主，仁就是爱护百姓，义就是执政明理。爱护百姓就要务必去除残害，执政明理就要切实消除混乱。刑罚在于适当，而不在于轻重，所以五帝时有流、殛、放、杀的刑罚，三王有大辟、刻肌的法律。所以孔子称“仁者必有勇”，又说“理财致富，端正言辞，禁止为非作歹，就是道义”。汉高帝受天命诛除暴政，平定天下，制定律令，十分适当。汉文帝宽宏仁爱柔和治国，遇上太平时期，只去除肉刑、相坐的法律，其他全部遵循旧典，不作改革。汉武帝正值国力鼎盛，财力富余，征伐远方国家，多次出兵，那些有才智的人违犯禁令，奸猾的官吏玩弄权术，所以加重首恶、藏匿罪犯的处罚，制定惩处知而相从的法令，以此破除朋党，惩罚隐匿罪犯的人。汉宣帝聪明正直，统治天下，群臣守法，没有什么过失，而且遵循前代法典，国家得到治理。到了汉哀帝、汉平帝，他们在位时间短，治理国家经验不足，丞相王嘉任意穿凿附会，删除先帝制定的旧典成律，致使数年时间，有百余件案子，有的不便于审理，有的处理却不服民心。

点评

易道的核心内涵在于守正，所谓“天地之道，贞观者”“日月之道，贞明者”“天下之动，贞夫一者”强调的就是天地、日月、人事的守正规律，这也是乾坤示人之所以平易简洁的原因。与天地、日月相比，人事的守正更值得关注，因为它关系到天下的治乱分合，更与人类的日常生活息息相关，这也是“圣人之情见乎辞”的根本原因。人事守正的具体做法便是“守位以仁”“聚人以财”，通过“理财正辞”消除罪恶，来取得天下的大义。这种道理就是后人所概括的“立君之道，仁义为主”，仁爱就要以“除残为务”，治国就要以“去乱为心”，而其中的准则便是守正。刑罚在于适当，而不在于轻重，即“诚得其宜”，如此才能“无所失坠，天下称理”。